中国新闻学建构丛书

# 早期中国新闻学的历史面相：
# 从知识史的路径

A History of ' Journalism for China' :
From the Perspective of the History of Knowledge

朱至刚 / 著

厦门大学出版社 国家一级出版社
XIAMEN UNIVERSITY PRESS 全国百佳图书出版单位

图书在版编目(CIP)数据

早期中国新闻学的历史面相:从知识史的路径/朱至刚著. —厦门:厦门大学出版社,2016.7
(中国新闻学建构丛书)
ISBN 978-7-5615-6188-1

Ⅰ.①早… Ⅱ.①朱… Ⅲ.①新闻学史-研究-中国-近现代 Ⅳ.①G210.92

中国版本图书馆 CIP 数据核字(2016)第 166774 号

出 版 人 蒋东明
责任编辑 王鹭鹏
封面设计 李嘉彬
责任印制 朱 楷

出版发行 厦门大学出版社
社 址 厦门市软件园二期望海路 39 路
邮政编码 361008
总 编 办 0592-2182177 0592-2181406(传真)
营销中心 0592-2184458 0592-2181365
网 址 http://www.xmupress.com
邮 箱 xmupress@126.com
印 刷 厦门集大印刷厂

开本 720mm×1000mm 1/16
印张 11
插页 3
字数 230 千字
印数 1~2 000 册
版次 2016 年 7 月第 1 版
印次 2016 年 7 月第 1 次印刷
定价 32.00 元

厦门大学出版社
微信二维码

厦门大学出版社
微博二维码

# 总　序

　　新闻传媒是现代社会的重要构成部分,在信息社会,新闻传媒是信息传播的主渠道,其作用日显重要。对新闻工作的重视,是我们党的优良传统。党的一大通过的《中国共产党第一个决议》就明确指出,每个地方组织均有权出版地方通报、日报、周刊、传单和通告。不论中央或地方出版的一切出版物,其出版工作均应受党员的领导。党的十八大以来,习近平总书记更是对意识形态和新闻工作做出多次重要指示。2013年8月19日,习近平总书记在全国宣传思想工作会议上,强调意识形态工作是党的一项极端重要的工作。宣传思想工作就是要巩固马克思主义在意识形态领域的指导地位,巩固全党全国人民团结奋斗的共同思想基础。2016年2月19日,习近平总书记在视察部分中央级媒体后,主持召开党的新闻舆论工作座谈会并发表重要讲话。他语重心长地指出,党的新闻舆论工作是党的一项重要工作,是治国理政、定国安邦的大事,要适应国内外形势发展,从党的工作全局出发把握定位,坚持党的领导,坚持正确政治方向,坚持以人民为中心的工作导向,尊重新闻传播规律,创新方法手段,切实提高党的新闻舆论传播力、引导力、影响力、公信力。党的新闻舆论工作的职责和使命是"高举旗帜、引领导向,围绕中心、服务大局,团结人民、鼓舞士气,成风化人、凝心聚力,澄清谬误、明辨是非,联接中外、沟通世界"。要承担起这个职责和使命,必须把坚持正确的政治方向摆在第一位,牢牢坚持党性原则,牢牢坚持马克思主义新闻观,牢牢坚持正确舆论导向,牢牢坚持正面宣传为主。

　　探究新闻活动规律的新闻学,是现代学术体系中重要的组成部分。中国既是传承悠久的文明之邦,更是蒸蒸日上的崛起中大国,无论是历史还是现实,都有很多的经验值得认真总结、提炼并上升为理论。中国人关注、思考和研究新闻学的重要问题已近百年。这些丰硕成果无疑值得重视和整理,历代新闻学人的治学自觉的精神更是值得传承和发扬。正如习总书记在 2016 年 5 月 17 日举行的哲学社会科学座谈会上指出的那样，我们要让世界知道学术中的中国、理论中的中国、哲学社会科学中的中国，让世界知道发展中的中国、开放中的中国、为人类文明作做贡献的中国。

厦门大学是具有浓厚民族情怀的南方之强，中国人自创的第一个新闻专业在厦大诞生，因此，厦大在中国新闻学研究有所建树责无旁贷。这套"中国新闻学建构丛书"的作者以我院教师为主，集中展现其中国新闻学研究的初步成果。这些成果以中国为立场，探究中国新闻现象自身特征为对象。这一系列原创性研究成果将与"中国新闻学经典论著丛编"互为表里，共同展示我院为响应习总书记的号召所作的起步尝试。

在这部丛书出版之际，应当感谢福建省委宣传部的关心、指导和大力支持，感谢兄弟院校专家的参与、指导和支持。感谢厦大领导和厦大出版社的具体指导和帮助。可以说，没有以上这些方面的帮助和支持，仅靠我院的力量，难以取得现在的成果。在送上由衷感谢的同时，也期望得到上述有关方面一如既往的指导、支持和帮助。

张铭清

**2016 年 5 月 25 日**

（厦门大学新闻传播学院原院长）

# 前　言

　　本书之中，"中国新闻学"多加引号，是为强调将其作为考察的对象。笔者试图在知识社会学的视域下，梳理和考察"中国新闻学"在被建构的过程中起主要作用的那些结构性的因素，揭示这些因素之间的互动关联，进而勾勒其间的演化图景。虽说这样的考察可能呈现历史的多维面相，但在具体的考察和书写中，却需面对三方面的困难，在三个维度上进行抉择。

　　首先，对象化的边界何在？在林林总总的既存文本中，究竟应该以哪些作为考察的文本？这本身就在拷问书写者是否意识到自身的立场与预设。在当下的学界，对于"中国新闻学"的历史，最常见的书写方法有以下两类。第一类是从最靠前的《新闻纸略讲》（1834年刊于《东西洋考每月统纪传》）说起，沿着物理时间一路讲下来，仿佛就是通史。依据后世追认的历史分期，对此进行断代式的描述，则可视为此类的变格。第二类则是根据后起的学科内部划分追溯过往。必须承认，依照前一种写法，中国新闻学会显得既由来有自又始终与时代同步，而后一种叙事更显明了专业理念的源远流长和与时俱进。然而追溯到书写的基调，这两种路径却又有共同的预设，就是将"中国新闻学"的当下面目不仅视作现实中的存在，更设定为逻辑上的必然。依据这样的预设，无论是对文本的选择解读，还是对其意义的判断，其实都是在论述——或者更确切地说，是在描摹——何以会有这样的必然。

　　真要以历史为取向来观照，这样的"必然"是否当真就天经地义？自然，无论在知识还是理论的层面上，每门学科甚至科学都或多或少地依托于看似不言自明的预设。新闻学在中国更是从来都面临着多重的合法性考验，它既要证明自己足以被称为"学科"，更要彰显在"中国"情境下的必要。从这个意义上讲，着意地以"中国必然要有这样的新闻学"为主旨来书写"中国新闻学"的历史与演化，的确曾是这个学科的必然选择。正是因为作为学科的"中国新闻学"已相当稳固，我们才能在前人的基础上思考是否可以从另外的路径来理解和诠释其缘起和流变。在这本小书里,笔者就试图这样尝试。因此,对于这两类既有的考察路径,即使并非刻意规避,也的确是着意要和它们有所不同,具体而言,就是试图将"中国新闻学"的流变更多地看作被建构的结果而非目的。

其次,是否必须勾勒出完整的图景。说到底,这体现着书写者对自身的评估。倘若在下笔之前,就已自认为对学科的当下构成暸如指掌抑或对它的未来抱有明确的殷切期待,再依此回望,书写者就很可能底气十足。实际上,这样的视角跟欧洲传统中的史诗,或是中国意义上的诗史,在旨趣上实有几分相通。且不论这是否更像是寄托情怀,也不管究竟持有怎样的具体预设,依据这样的写法,基调愈为鲜明,观照也就愈发连贯清晰,呈现出来的文本当然会铺陈备至、架构宏大。而在这样因预设而追认正脉,又因正脉而展开叙事的框架下,书写者俨然对历史的真相与全貌如观掌中之纹,进而如月印万川一般娓娓道来。

如果仅侧重于阅读的乐趣,这样的文本读起来当然像禅宗的灯录或是前四史的名篇那样酣畅淋漓。但倘若对其中蕴含的预设并不抱有先验的认同,就不免会抱有这样的疑问,是否的确存在着一种既依据质料而具象展开,又不以物理科学为范本的框架,其本身就足以让我们从中获得足够的自信,能够据此去认知而非诠释所有与考查对象相关的因素与情景,而且从中提炼出来的"必然"足以包容所有相关的事件和存在? 也许在任何的学科内部,这样的疑问不仅难以回答,甚至本身就毫无意义。如果不是对认识框架本身抱有绝对信任,又怎能有信心依此去呈现"整体的历史"抑或"历史的整体",哪怕所研判的仿佛只是历史的分支或者片段? 在这里,笔者坦率地承认自己不具有回答这个问题的能力。所以这本小书也就只能暂不考察"中国新闻学"整体演化图景,转而基于可获的材料,勉力了解具体的线索与观念。希望这样做去,多少能让某些"碎片"的面目较前稍微清晰。

最后,时间上是否要完全连续。倘若书写者从强劲的预设(甚至是信仰)中获得了对自身认知能力的充足信心,当然会着力呈现完整且连贯的演化图景。在这样的书写方式下,时间就是正统和主脉得以展开的依托。或者更确切地说,正是因为连接着早已注定的起始与终结,又为其间种种具象的降临提供必须依托,时间本身才被认为有意义。在这样的叙事框架下,图景的完整与时间的连续恰是一体之两面。缘此也就不难理解,任何谱系一旦被认定为卓越,就必然会在时间上被讲述得绵延连续,其实这也就是编年史以时间为经的本意。但如果用建构的眼光来审视观念的衍生流变,时间线的选定与续断本身就必须格外警惕。如非着意要将所有事件(至少是被选取的事件)纳入同一个无所不包的框架,那么对物理时间的先后和事件之间的因果关联的判分就需要格外矜慎。体现在对观念的考察中,除非有非常直接的依据,不可轻易判定时代相近或是所论亦复形似的人物或论著之间存在密切的关联。诚如本书正文中所要剖析的那样,在相当长的时间内,以"中国新闻学"为志业的学人并非严格意义上的学术共同体,而是在共同的宏大主题下,各自尝试着搭建自认为科学的体系。而且,虽说对观念的探讨需结合历史情景,这已被视为公认的准则,在头绪多端的事件中,究竟有哪些以怎样的勾连起如何的影响?若是进行宏大的总体化叙述,被纳入"内史"的元素往往本身就为数众多,甚至框架本身就是一个复杂的结构,但如非预设先存,研究者何以确信既毫无遗落,又未混杂进其实无关的变量,而且考察因素之间的结构关系更确如自己所构造?如果还要以此为基础,融汇同时期的社会格局与情势,进行"外史"维度的考量,真是从原则上说来容易,具体操作的难度却难以想象。对历史的考察,更绝无可能如自然科学那样,通过不断地设置与调整变量,从对多次"其他一切条件相同"结果的参照对比中,逐渐而有效地趋近于理论上应该存在的真实状态。然而,倘若研究中对个中难处心存敬畏,量力而行以单个的线索或观念为起点,尽可能地在材料充足的允许范围内,有依据地与相似之物进行对比勾联,反而有可能从它们自身的具体异同中找到能提炼的中层结构。

行文至此,笔者不揣冒昧,想谈谈自己对什么样的问题既是力所能及,又不至于只是望文生义的浅见。那就是考察的文本(或者文本群体)自身呈现出的架构本身就处于中观层面,既不至于因为太过宏大与复杂,乃至放置于历史情境中无处措手,也不至于过于简单,以致难以就其本身找到可资深入的切入点。落实到对"中国新闻学"的考察中,最理想的地方在于它们体现的现象既着实对后世的学科面目产生显著的影响,本身也成自洽的逻辑体系,而且其间的人物、事件、著述、观点,与同时段的历史情境,尤其是那些在此前通常不被认为是"新闻学"范围内的存在,还的确存在着历历可查的现实关联。这样的问题关联到"中国新闻学"的顶层设计,因而在学科内部颇具考察的价值。同时,它们又体现着同时段整个社会的运转与共识,对它们的认识之于认知历史情境本身亦不无裨益。可以说,以具体的观念和事件为起点,沿着这种由下而上的路径(如果在材料上可能的话),我们可以试图摸到对"新闻学"而言属于顶层,对于"中国"而言又属于内在架构组成部分的关联和分界。缘此而构造出来的问题和考察既是新闻学的,又不只是新闻学的。姑且不谈这样自甘碎片是否能对当下方兴未艾的传播学术史和思想史研究起到方法上的助益。相对于总体化的宏大论述，对于各条具体线索的考察自然显得宛若碎片。但也许唯其如此，反而能够更加专注地梳理它们各自的缘起与流变。

　　基于这样的研究定位，本书在每个章节的讨论中不得不将同时期的其他趋势与因素，仿佛在微积分中求偏导那样，权且作为常数。这确实有几分画地为牢的味道，对历史的考察原本就是盲人摸象，只要触及的真是大象的躯体，又尽可能地沿着触点爬梳开去，也许确能识其小焉？毋庸讳言，能遇上建构出此类问题的机会，实在需要运气。这本小书所呈现的，也正是笔者自认为应当属于此类的一些尝试。回到"盲人摸象"这个隐喻，这本小书当然无法将大象的样子完备淋漓地深描出来，其实以笔者现下浅薄的学力，甚至还无从判断有无这样的可能，但也许的确勾勒出了其在生理上和功能上一些堪为独立的部位。这个判断距离事实到底有多遥远，尚望诸位高明不吝指点。当然，在"中国新闻学"的发展和流变中，在历史唯物主义和辩证唯物主义方面训练纯熟、信仰坚定的共产党人，毫无疑问做出最大的贡献。但以笔者现下的学养和学力尚不足以对此进行系统的把握，因此，这方面的探讨将在以后着力展现。

# 目 录

第一章

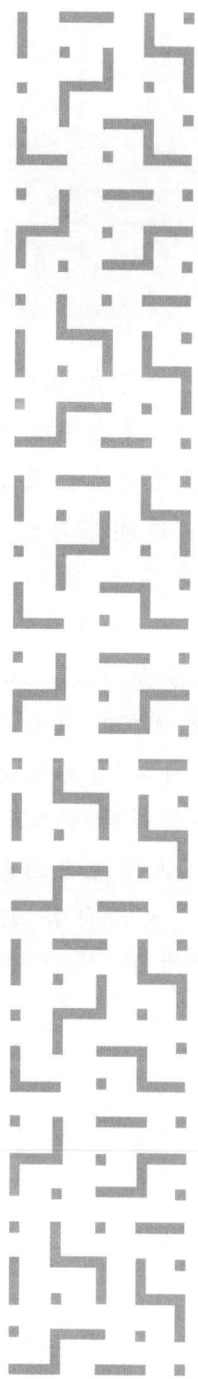

中国新闻学的前史

——从学问观的角度

作为新名词,"新闻学(报学)"进入中文世界其实不晚。至迟在 1901 年,梁启超就刊于《清议报》的《本馆第一百册祝辞并论报馆之责任及本馆之经历》里提到"日本松本君平氏著《新闻学》一书,其颂报馆之功德"。1904 年 3 月,《东方杂志》创刊号的新书广告中亦刊有"《新闻学》,松本君平,商务印书馆"一条。《万国公报》第 180 册所刊《报学专科之创立》也提到,"近日美国纽约世界报主人布列周拟捐出美金二百万元,特为报学专科立一学堂","布列周"自然就是普利策。且不论《清议报》在国内的流通是否顺畅,《万国公报》和《东方杂志》却都对中国的读书人有相当的影响。然而,有些令人不解,直到清民之交,无论自著,还是翻译,国人在"新闻学"上都没有多少作为。

## 第一节　"新闻学"在中国的早到与晚达：
## 以"新闻"是否需"学"为中心

黄天鹏在 1929 年是这样解释的："有清光绪二十八年，商务印书馆刊行《新闻学》一书，为我国人知有新闻学之始。原书为日人松本君平所著，一名《新闻事业》。顾其时新闻纸尚在草创时期，新闻学自不为社会所重视，因兹弗能畅行遐迩，不久遂告绝版，然新闻学已肇其端矣。"①将斯学不兴解释为斯业不旺，乍看上去没有什么逻辑上的破绽。然而对照史实，却与当时知识界的情形大不相符。仅据顾燮光《译书经眼录》所录，1902—1904 年国人自著新学书籍将近 632 种。按照后世的学科分类，其中非教材类的人文、社科著作情况可见下表 1-1。

表 1-1　1903 年前国人自著非教材人文社科类新学书目情况

| 文学 | 外语 | 政法 | 经管 | 历史 | 国际关系 | 哲学 | 教育学 |
|------|------|------|------|------|----------|------|--------|
| 15 | 18 | 38 | 16 | 53 | 22 | 12 | 35 |

顾燮光.译书经眼录卷八.本国人辑录书[M]//熊月之.晚清新学书目提要.上海：上海书店，2007：352－376。

试问当时中国的诸般近代事业，又有哪样被国人认为已上轨道？实际上，自甲午到民初，中国的读书人虽说依旧把儒学群经当作经国正典，却在尽全力地扩展他们的知识世界。而在当时的西方，"边际效用革命"刚刚兴起，即便是经济学对数理工具的运用也只在算术层面。对国人而言，要阅读和了解各门人文社科的论著、学说，要面对的仅是大致相仿的语言门槛②。那么，是否全如徐宝璜所说，即便到了1919 年，新闻学在西方都还"亦无完善之书"，国人即便想要了解，也无从学起？③须知清末民初，中国学者对西学的翻译和吸纳，原本就有不少或如严复那样裁剪集

---

①　黄天鹏.新闻运动之回顾[M]//黄天鹏.新闻学名论集.上海：上海联合书店，1929：1.

②　豪伊.边际效用学派的兴起[M].晏智杰，译.北京：中国社会出版社，1999.

③　徐宝璜.自序[M]//徐宝璜.新闻学.北京：中国人民大学出版社，1994：10.该版以1930年黄天鹏整理版为底本，主体内容与曾在《东方杂志》登载的《新闻学大意》并无明显差异。

纳,或像梁启超那样加入自己的价值判断①。仅从表 1-2 所列徐宝璜所著《新闻学》所引 99 种英文文献的面世年代,也能看出要在此前译介这门学科并非全无可依。

表 1-2　徐宝璜著《新闻学》所引英文文献的成书年代分布

| 1870 年以前 | 1871—1880 年 | 1881—1890 年 | 1891—1900 年 | 1901—1910 年 | 1911 年以后 | 不详 |
| --- | --- | --- | --- | --- | --- | --- |
| 1 | 1 | 3 | 11 | 52 | 29 | 2 |

邓绍根.中国新闻学的筚路蓝缕:北京大学新闻学研究会[M].北京:清华大学出版社,2015:221—235.这里的统计,是基于邓绍根的相关考证。

由此亦可看出,早在 20 世纪初,虽说新闻学在美国尚未被整合并连缀成完整的理论体系,但相关的专项研究(未必是以报纸、报人为研究取向)数量已相当可观。或许这也是密苏里大学和哥伦比亚大学能接受、设立新闻学科的理由之一。而从甲午以前到 20 世纪 20 年代,在外的留学生始终是翻译、引入域外学术的主力,他们接触相关文献的机会应不为少。譬如 1913 年出版的《实际新闻学》中译本,不就出自主修工科的史青?从上述考察不难推想,1901—1918 年,对世界学术浸入益深的国人,并不缺乏接触新闻学的机会。

再者,依据"新闻纸盛则新闻学兴"的解释框架,也难以解释何以从 1919 年开始的短短几年间,新闻学在中国勃然而兴,中国的报业在此期间却并未突飞猛进。而且,若从体例和架构上审视那些在 20 世纪 20 年代接踵而来的著作,还不难发现其中的相当部分都试图构建从本体到现象,从理论到应用,完整而自洽的诠释体系。譬如徐宝璜在《新闻学》中就声称:"本书虽仍不完备,然对于新闻学之重要问题,则皆为有系统之说明;而讨论新闻纸之性质与其职务,及新闻之定义与其价值,自信所言,颇多为西方学者所未言及者。"②且不论细部是否精致,就这些著述的总体和结构而言,它们作为"理论"似乎还走在欧美和日本学界的前面。如果将这些迹象仅仅按照时间顺序依次排开,"中国新闻学"的生成就俨然是桩奇迹,差不多是

---

① 罗选民.意识形态与文学翻译——论梁启超的翻译实践[J].清华大学学报:哲学社会科学版,2006(1):21—27.严复在翻译《天演论》等著述时,对原著有所增减,已近学界共识。还在 1905 年,王国维就有这样的评价:"七八年前,侯官严氏所译之赫胥黎《天演论》(严氏原书名《进化论与伦理学》,译义不全)出,一新世人之耳目,比之佛典,其殆摄摩腾之《四十二章经》乎?"(王国维.论近年之学术界[J].教育世界,1906(93):1—6)。《四十二章经》本身就是摄摩腾、竺法兰根据《法句经》的大意新造的摘录本。

② 徐宝璜.自序[M]//徐宝璜.新闻学.北京:中国人民大学出版社,1994:10.

目不暇接，从几近空白而迅速繁荣。当然，如果要着意渲染其间的正当性乃至优越性，完全可以就此着力书写列位先贤是如何识见超绝，才能取精用宏，创下"本学科"的祖业，还不妨顺带把自己也写入其中谱系，正如下文中剖析的那样，黄天鹏至晚从1930年代初开始，就很努力地在这样做。然而依据这样的写法，时间线也好，社会情境也罢，纵使谈得琳琅满目，也不过就是在为这种预设背书。但如果并不是在验前就坚信"中国新闻学"注定就会降临，乃至必定会以这样的面目出现和流传，那就必须追问，到底是哪些因素的演化和交互才结构性地造就了"新闻学"在中国以这样的轨迹来落地和流变。自然，要这样来研判，首先就得回答"中国新闻学"在整体上是如何，又因何才从无到有，至于其间的各部论著在逻辑上是否自洽，彼此在源流上是否相关，这些追问只能暂且悬置。毋庸讳言，这就是要先为"中国新闻学"寻到"外史"意义上的起点，好在以它为宗主而非对象，看似"内史"的论著早已层出不穷。

实际上，从上列两表不难发现"新学"和"西学"在其原生国度的成熟度和被近代中国接纳的程度并不存在明显的正相关。此时国人的知识观更多是被对时局的认知所形塑，他们往往并非基于对知识的把握，而去认定何等论述是否足以称为"学科"（discipline）乃至"科学"（science），而是先依据对当下所需的认知，判定何等"学问"（learning）确有可取。更确切地说，是认定为当下的中国所必取，才去按图索骥，填充相应的知识，甚至缘此构建知识和学科的谱系。从这个意义上讲，晚清学界对"新学""西学"的引入和对墨学、唯识、公羊学的重拾，对"泰西"近事的选择性解读和对三代、金元、"国朝"历史的再认识，看似古今中外迥然有异，但接纳的心态和寄托的期待却是脉脉相通。当然，即便对"学问"抱有同样的希冀，出于世代、地位、知识背景的差异，对知识图景的想象也不尽相同。在现实的社会规则下，怎样的图景想象能更影响群体的共识，或是被固化为学术规制，和所持者既有的地位与影响力自然密切相关。譬如光绪二十九年（1904）颁布的"癸卯学制"，虽说是以日本学制为蓝本，却将"经学"和"政法"从文科、商科中单列出来，并将经学科大学列为诸科大学之首，而在八科下设的四十六个学门中并无"哲学门"①。在此时已对西学颇有造诣的王国维看来，这样的架构存在根本的缺陷，"其根本之误何在？曰在缺哲学一科而已"，他还认为其原因就在主持该事的张之洞，"尚书之志则善

---

① 璩鑫圭，唐良炎.中国近代教育史资料汇编.学制演变[M].上海：上海教育出版社，1991:340.

矣,然所以图国家学术之发达者,则固有所未尽焉",必以"哲学为有害之学""哲学为无用之学""外国之哲学与中国古来之学术不相容也"①。虽说此番议论,足以代表世纪之初新世代学人的共识,但在当时对学制的拟定几乎未发生任何影响。北京大学直到 1914 年才改经学科为哲学门,而且在 1917 年以前,师资阵容、课程设置、学术倾向,大体上仍延续着此前的路数,与王国维当初的期待相去仍远。大致梳理了在近代中国,什么知识、门类是否能算"学问",或者更确切地说,是否能被确定为在当下专门研习的"学门",更多的是出于知识界(尤其是上层精英)对时局的判断,再来观照清末民初的报刊观念,就不难看到,虽说国人对报刊之于国族的作用愈发看重,却尚未认定需得查考其自身的运作规律和演化历程。

国门开放后,国人本不乏阅报经历,对"泰西"报业也非无所知。然而在甲午战败以前,他们却并未就中国亦需办报,尤其是以西方国家为典范办报形成共识。②王韬和郑观应常被视为倡导国人办报的先驱,且不论这两人在当时的士林中均非核心人物,他们此时的相关主张其实相当审慎。王韬 1874 年发表的文章《论日报渐行于中土》,大半篇幅谈外人在华办报的历史。他虽说承认"如英国之泰晤士,人仰之几如泰山北斗,国家有大事,皆视其所言以为准则",但却归因于"西国之为日报主笔者,必精其选,非绝伦超群者,不得预其列",而非认为报刊作为媒介本身就可能具有广泛的影响力③。也正是基于这一标准,他对中国已有报刊的评价并不高,"其间(秉笔之人)或非通材,未免识小而遗大","至于采访失实,记载多夸,此亦近时日报之通弊,或并有之,均不得免"④。再如郑观应,在《日报上》中转述"泰西各国"的各级政府"悉听报馆照录照报"⑤,甚至认可"欲通之达之,则莫如广设日报矣",落实到当下,却只建议"今宜于沿海各省,次第仿行,概用华人秉

---

①　王国维.奏定经学科大学文学科大学章程书后[J].东方杂志,1906,3(6):109—117.

②　黄旦.也论林则徐的新闻观:兼论中国近代新闻思想之源头[J].新闻与传播研究,1998(5):68—73.

③　王韬.论日报渐行于中土[M]//王韬.弢园文录外编.沈阳:辽宁人民出版社,1994:299.

④　王韬.论日报渐行于中土[M]//王韬.弢园文录外编.沈阳:辽宁人民出版社,1994:301.

⑤　郑观应.日报上[M]//郑观应.盛世危言.沈阳:辽宁人民出版社,1994:75。

笔,而西人报馆只准用西字报章"①。从这些论述不难看出他们虽对西国报业颇为嘉许,但就国人是否也该如"西人"把报纸办得无处不在、无业不有,却并未给出明确答案。②

远距离观赏的赞许与当下行动的审慎,看似吊诡,却自有内在一致。究其原因,此时的中国知识阶层对"我朝"的既有文明仍有整体自信,他们虽说也认为某些方面需要了解和学习"泰西",但这往往被解释为只是情势所需。在魏源看来,"夷烟流毒,罪方准夷,吾皇仁勤,上符列祖,天时人事,倚伏相乘,何患攘剔之无期?何患奋武之无会"③?"英夷"不过一时之敌,全胜的必定的还是天朝。再如《盛世危言》虽对西国详细介绍,总纲却是冠于书首的《道器篇》。该篇反复强调"西人不知大道,囿于一偏",只不过侥幸得到中土失传的"古人名物象数之学",才能工艺之精暂且超过中土④。即便如此,较之华夏,仍是"我务其本,彼逐其末;我晰其精,彼得其粗。我穷事物之理,彼研万物之质"⑤,因此,最后必然是帝国"由强企霸,由霸图王,四海归仁、万物得所,于是拓车书大一统之宏规"⑥。不管这是否体现郑观应的真实想法,但至少可知,在该书的目标读者群体——中国的读书人那里,这种"我国深仁厚泽,初定制度尽善尽美",所以在整体上仍然高于"万国"(自然包括"西

① 郑观应.日报上[M]//郑观应.盛世危言.沈阳:辽宁人民出版社,1994:75。至于后来常被引用的"今欲变法自强,宜令国中各省、各府、各州、县俱设报馆"则是出自《日报下》篇,在光绪二十年初刻本中,《日报》原只一篇,就是现在通常所说的上篇。从《日报下》篇中"如中西之战,日本西文报谓中国之兵甚于盗贼。其所述凶暴情形,不啻为彼兵写照,而反污华兵所为。我中国惜无西文报与之辩诘"等语可见是补写于中日战起之后。目前坊间各家出版社所依,多从夏东元编撰之《郑观应集》析出,乃是光绪二十年(1894)《盛世危言》(五卷本)、光绪二十一年(1895)《盛世危言增订新编》(十四卷本)、光绪二十六年(1900)《盛世危言增订新编》(八卷本)的汇编。各个版本的差异,可参见费成康的《〈盛世危言〉版本考》.[J].岭南文史,2002(3):64.近人文集多依时局变化增补修订,在观念史的考察中,对此务必格外留意。

② 王韬.论日报渐行于中土[M]//王韬.弢园文录外编.沈阳:辽宁人民出版社,1994:299.郑观应在《日报上》中就曾提到,在西方国家"(报纸)如律家有律报,医家有医报,士农工商亦各有报。官绅士庶,军士工役之流莫不家置一编,以广见闻而资本考证。甚至小儿亦有报纸,文义粗浅,取其易知"(郑观应.盛世危言[M].沈阳:辽宁人民出版社,1994:76.).王韬也认为报刊在"英、法、美各国皆继之以而兴,僻壤偏隅无不遍及,而阅者亦日众"。

③ 魏源.海国图志[M].郑州:中州古籍出版社,1998:46.文中的"准夷"就是准噶尔部

④ 郑观应.盛世危言[M].沈阳:辽宁人民出版社,1994:18.

⑤ 郑观应.盛世危言[M].沈阳:辽宁人民出版社,1994:16.

⑥ 郑观应.盛世危言[M].沈阳:辽宁人民出版社,1994:2.

国")的预设仍是主流。① 须知《盛世危言》初版面世于 1892 年(光绪十八年),距离甲午仅两年。

既然国人尚未真正认为"西国"在文明上足与"我朝"并驾齐驱,纵使颇有可观,它们也不过还是异域,源自其间的种种事物,纵然在其本国社会确属必要的嘉物,但原本就"初定制度尽善尽美"的"国朝"未必非得全盘照搬。② 即便是海外亲历早过同辈的黄遵宪那里,这样的集体共识也颇有影响。光绪五年(1879 年)初刻的《日本杂事诗》(广注)初刻本中收有《新闻纸》章,其辞云"一纸新闻出帝城,传来令甲更文明。曝檐父老私相语,未敢雌黄信口评"③,自注曰:"新闻纸。山海之余无所不至,以识时务,以公是非,善矣! 然西人一切事皆籍此以发达,故又有诽谤朝政、诋毁人过之律,以防其纵。轻议罚锾,重则监禁。日本皆仿行之。新闻纸中述时政者,不曰文明,必曰开化。"④乍看上去,似乎甚是肯定,但此时的黄遵宪确信西学只是中学的旁支。⑤ 这里的"文明""开化",其实皮里阳秋。实际上,王韬和郑观应所以建议在"省会"和"沿海诸省"等有限的空间范围内办报,首先还是因为这些地方已被外报渗透,"中国通商各口,如上海、天津、汉口、香港等处,开设报馆,主之者皆西人,每遇中外交涉,间有诋毁当轴,蛊惑民心者",必须有所对治⑥。既然中国不一定非得有"报",又何须"报学"?

甲午之役,中国不但败战,亦复败和。知识阶层不得不对中外局势进行全盘的

---

① 郑观应.盛世危言[M].沈阳:辽宁人民出版社,1994:3.

② 郑观应.道器[M]//郑观应.盛世危言.沈阳:辽宁人民出版社,1994:18。

③ 黄遵宪.日本杂事诗(广注)[M].长沙:岳麓书社,1985:641.此后光绪(二十四年)刻印的订本,也就是后世的通行本中,连诗带注面目迥异,诗曰"欲知古事读旧史,欲知今事看新闻。九流百家无不有,六合之内同此文",注曰"新闻纸讲求时务,以周知四国,无不登载。五洲万国,如有新事,朝甫飞电,夕既上板,可谓不出户庭而能知天下事矣。其源出于邸报,其体类乎丛书,而体大而用博,则远过之也。"其间自然体现了时隔十余年的思想变化。关于《日本杂事诗》的版本修改及其成因,夏晓虹在《黄遵宪与日本明治文化》(《学术界》,2000 年第 1 期)中的论述非常精到。

④ 黄遵宪.日本杂事诗(广注)[M].长沙:岳麓书社,1985:645.

⑤ 黄遵宪此时认定"凡彼之精微,皆不能出吾半。第我引其端,彼竟其委,正可师其长技。"因此对于斯时日本"今东方慕西,学者乃欲舍己从之,竟或言汉学无用"的风气,很是嗤之以鼻。甚至在重订本中,他仍主此说:"(日本)学校甚盛,唯专以西学教人。余考泰西之学,墨翟之学也。尚同、兼爱、明鬼、事天之说,即耶稣十诫所谓敬事天主,爱认知己。"黄遵宪.人境庐诗草笺注[M].钱仲联笺注.上海:上海古籍出版社,1981:1112.

⑥ 郑观应.日报上[M]//郑观应.盛世危言.沈阳:辽宁人民出版社,1994:76.

重新认识。正如罗志田所说,"甲午中日战争以后,中国士人不仅接受了外在'世界'的存在,并日渐深入地感受到,无论是否愿意,中国皆难以置身世外。换言之,中国不能不'立国于世界'已成共识,具有歧义的只是如何做到这一点。正因为'世界'基本为'他人'(the other)所'构建'并控制,而中国对于'世界'而言也更多是'化外'的。故中国必须先'进入',然后才谈得上改善地位"①。在百余年后看,国人进入"世界"的过程自然历历分明,但对于彼时的当局者而言最难的却不是行路,而是寻径。须知在当时,即便是知识精英,已具备的外界知识还不足以构造大体完整的世界图景,甲午之败又是突如其来,猝然之间,他们对时局的判断基调从国朝正在"中兴"陡然转为灭国灭种迫在眉睫。既然前景茫然,又认定情势危急,又怎有心思对"世界"进行从容认知,对西学进行正本溯源。从这个意义上讲,国人在开始主动"进入世界"时,既脚步匆忙又茫然无措。然而中国败于日本,日本又师法西方,却是不争的事实。那么,在国人眼里,欧美大国自然从可资参考的化外升格为尽善尽美的典范。它们不再只是"异域",而是文明开化的"彼岸"。国人只能在仓促之间,尽量趋新崇西,全面仿效所有源自西方的事物。在这样的群体心态下,刚以群体面目出现,又以"士林中人"为底色,慨然以天下自任的中国报人,当然也会以欧美同行为先进。可以说,直到此时,国人亦需办报,而且还要如西方报业那样,尽可能覆盖所有地域、人群,影响社会生活的所有领域、层面,才被认为不仅是势所必然,还是理所当然。当时的报人所以师法先进,还不只是为了振兴报业,还要以此为舟,将整个中国都渡到文明的"彼岸"。

　　然而,如何才能在中国营造出堪与"泰西"大报并列的报刊?更确切地说,此时在他们的想像中,在社会与国家的整体架构中,"泰西"大报的位置和功用究竟如何?光绪二十二年(1896年)七月初一,《时务报》正式发刊,首期即刊登《论报馆有益于国事》一文。这篇论说虽出自梁启超一人,却体现此时时务报馆同仁乃至维新中人对报馆、报人在社会中应处位置的共同看法。报馆与国事的关系,标题中就开宗明义说明。报馆究竟为何能,怎样有益于国事,当然要视它在整个国家结构中的位置而定。国家本身是怎样的,很难直接观察,要对它形成整体想象,往往要借助隐喻。该文开篇即道"觇国之强弱,则于其通塞而已。血脉不通则病;学术不通则陋"——显然将国家类比为有机的生命体。生命体的健康要以耳目喉舌

---

　　①　罗志田.理想与现实:清季民初世界主义与民族主义的关联互动[M]//罗志田.近代读书人的思想世界与治学取向.北京:北京大学出版社,2009:57.

的正常运转为必要条件，国家也要有完备而通畅的信息传递系统才能正常运作，否则将陷于"无耳目，无喉舌，是曰废疾"的窘况。①报馆有"助耳目、喉舌之用"，所以能"起天下之废疾"，因而有益于国事。②这也就是报业在国家和社会中存在的前提。

但仅此而已，还不足以说明报业在社会中存在的必要性，因为并不只有报业能够充当耳目喉舌，《报馆有益于国事》所论及的范围也并非仅此而已。梁启超还阐明了另外三个观点。第一，国运之所以沉沦如斯，是因为"上下不通，故无宣德达情之效，而舞文之吏，因缘为奸；内外不通，故无知己知彼之能，而守旧之儒，乃鼓其舌"，"吏"与"儒"是传统的社会信息传输中枢，既然他们都已不能胜任耳目喉舌之责，只有另辟新径。第二，报业能承载的社会信息，无论就覆盖面、涉及面、总体数量、分众精度而言，都非其他传播方式可比，所以它在诸多可能的耳目喉舌中必然处于首要位置，也就应该受到格外的重视。换句话说，对于国家和社会而言，依赖报业而为耳目喉舌，不仅在理论上可行，而且是现实中的首选。第三，列强崛起的经历充分说明报业有益于国事的程度非同泛泛，"阅报愈多者，其人愈智；报馆愈多者，其国愈强"③。在此时的梁启超看来，报业的兴起不仅是国事复振的必要条件，还是充分条件。报刊本身就能独立承担推动国家风气渐开、徐图自强的重任。报馆和社会其他部门之间是单向的自变与因变的关系，只要拥有理想的报馆和报刊，理想社会的出现就是水到渠成。但此时国内的报刊数量已经不少，何以国势却不盛反衰？梁启超的解释是必须全面而及时地反映和干涉社会现实，才算得上是理想的报刊。即使暂时力有未逮，至少也要做到"广译五洲近事""详录各省新政""旁载政治""学艺要书"④。而至撰写该文的光绪二十二年（1896 年）七月为止，国内能够达到在他看来是底线要求的报馆尚付阙如。而在当时的梁启超看来，域外大报已经做到的，还远不止此。在稍后的《〈知新报〉叙例》（1897 年）中，梁启超描述的"报刊"则可以满足全体社会成员的所有信息需求，因此它对社会的干预、指导、影响就应该是全方位的。也就是所谓"东西各国之有报也，国家以之代宪令，官府以之代条诰，士夫以之代著述，商业以之代学业"⑤。

不管这样的认知是否将报业与社会的关系过于简化，但当它成为共识，必然会持续地延伸和具象，乃至成为群体的共同想象和评价尺度。一方面，被认定为"先

---

① ② ③ ④　梁启超.论报馆有益于国事[J].时务报,1896(1):1—3.

⑤　梁启超.《知新报》叙例[J].知新报,1897(1):3—4.

进"的先行者,会被想象得越来越完美全能。另一方面,仿效者(同时也是想象者)不仅处处以"彼国"为标准来评价"吾国",还愈发觉得自己相距甚远。不妨通过对比梁启超在《论报馆有益于国事》(1896)和《本馆第一百册祝辞并论报馆之责任及本馆之经历》(1899)中的论述,来展示这样"彼国""先进"被美化,和"吾国""我辈"自惭形秽的交相促进。同样是借他国镜像,揭出自己认定的报馆在社会中的位置和作用。梁启超在《国事》一文中,认为"西人之大报也,议院之言论纪焉,国用之会计纪焉,人数之生死纪焉,地理之险要纪焉,民业之盈绌纪焉,学会之程课纪焉,物产之品目纪焉,邻国之举动纪焉,兵力之增减纪焉,律法之改变纪焉,格致之新理纪焉,器艺之新制纪焉","报馆愈多者,其国愈强。曰惟通之故"。①《祝辞》中却说"故报馆者,能纳一切,能吐一切,能生一切,能灭一切。西谚云:'报馆者国家之耳目也、喉舌也,人群之镜也,文坛之王也,将来之灯也,现在之粮也。'"②虽然都颇为煽情,仍可看到对西方大报的品评又提高了许多。

同样是借"他国"史事来说明报人的分量,《论报馆有益于国事》中的措辞是:"其益于国事如此,故怀才抱德之士,有昨为主笔而今作执政者,亦有朝罢枢府而夕进报馆者,其主张国是,每与政府通声气。"③在《祝辞》中,却是"彼政府采其议以为政策焉,彼国民奉其言以为精神焉。故往往有今日为大宰相、大统领,而明日为主笔者;亦往往有今日为主笔,而明日为大宰相、大统领者"④。所谓"执政",自宋以来常用于简称"参知政事"之类的副相,虽然也在枢府,但跟"大宰相"相比,还有一段距离,"大统领"在日文中原本就是"大总统"的意思⑤。从"通声气"到"采其议以为政策",政府对于报界的态度,也被渲染得更加浓烈。当然,越将欧美大报构想得完美全能,参照之下,本国报业就益发自惭形秽。在《祝辞》里,梁启超明确描摹其间差距,《清议报》虽说较之此前的中国报刊,已经算是"有其宗旨焉,有其精神焉",却最多是一党之报,比起已经"动为全世界之注视,所耸听"的"欧美各国之大报馆",其间还隔了"一国之报"这个档次。⑥

到了1904年,梁启超为《时报》作发刊词,语气似乎平缓了许多。该文宣称"于

①③ 梁启超.论报馆有益于国事[J].时务报,1896(1):1-3.

②④ 梁启超.本馆第一百册祝辞并论报馆之责任及本馆之经历[J].清议报,1901(100):1-8.

⑤ 例如在《宋史》的"宰辅表"中,就将"宰相加拜进官"和"执政进拜进官"列为两类,区分得很清楚。

⑥ 梁启超.本馆第一百册祝辞并论报馆之责任及本馆之经历[J].清议报,1901(100):1-8.

祖国国粹，固所尊重也，而不适于当世之务者，束阁之。于泰西文明，固所崇拜也，而不应于中国之程度者，缓置之"①，乍看上去，似乎是将中西放在对等位置，以此来体现《时报》"执两用中，为国民谋秩序之进步"的宗旨②。但是，"国粹"和"文明"，谁更优越不言自明，所以对"泰西文明"的部分事物要缓置之，只是因为尚非中国现下所能容纳，偏向哪边并不难解。在这篇发刊词中，梁启超还承诺将向读者提供"新闻事实之报道，世界舆论之趋向，内地国情之调查，政艺学理之发明，言论思想之介绍，茶余酒后之资料"，因为这是"凡全球文明国报馆所应尽之义务"③。实际上设定了其报，乃至中国报业，如果要"追随于国家之进步，而与相应焉"，必须"窃比于各国大报馆之林"。④

　　全然以想象中的"各国"，尤其"泰西大报"为师，进而在中国加以复制，再以此来作为救济国运的中枢，这样的路径设计乍看上去仿佛清晰，然而细究其间理路，却是以对"泰西大报"乃至"泰西列国"的隔雾看花为评判的起点与尺度。实际上，不管出于何等原因，至少从公开发表的文字来看，戊戌前后的梁启超对"泰西大报"的认知，与其实际状况相去甚远。譬如他曾在《〈萃报〉序》(1897年)中写道"顾闻之泰西诸国之报，国以万计，省以千计，城市以百计"⑤。实际上在当时，没有哪个国家的报纸数量达到这一水准。这样的隔膜当然跟他们对欧美社会并无多少直接体验有密切的关系。然而正是因为基于这样的"彼岸"想象，"泰西"以及报刊的至善至美俨然与生俱来，既不用去把握起源和流变，更无须品评长短利弊。从这个意义上讲，对于梁启超这代"过渡知识人"而言，对"泰西"的种种想象其实更近于他们的前辈学人之于"三代"和"先王之道"的信仰。相应之下，既然报人是当然的社会领袖，纵使对他们的学识有所要求，也当侧重于经国之道。因此，对"报业"寄望越深，也就越将"报业"与社会的关系过于简化，实际上也就越无须去探究作为"专门之学"的"报学"。

　　诚然梁启超于1901年就提到"新闻学"这一名词以及松本君平其人其著，但个中叙述完全被裁剪和包容在宏大的叙事框架中。他在《祝辞》的第二部分"报馆之势力及责任"中写道：

---

　　①③④　梁启超.《时报》发刊词[M]//张之华.中国新闻事业史文选(724—1995年).北京：中国人民大学出版社,1999:66.

　　②　梁启超.《时报》发刊词[M]//张之华.中国新闻事业史文选(724—1995年).北京：中国人民大学出版社,1999:65.

　　⑤　梁启超.本馆第一百册祝辞并论报馆之责任及本馆之经历[J].清议报,1901(100):1—8.

而引出一个问题,何以新闻记者能在当下具有如此威势? 所谓"第四种族",在松本君平那里,其形成和流变亦是有待考察的过程,并非如梁启超所渲染的那样,本身就是不容置疑的既定事实。

松本君平在 1899 年撰写此书还有特定的用意,他早年曾在美国求学,更有多年欧美亲历,这部《新闻学》是在早前所撰《欧美之新闻事业》的基础上改写而成,用作他在东京政治学校所开设课程的教材。在他的期许中,这所学校应该是培养政治家、雄辩家、新闻记者、外交家、经济学家的基地。[①] 其志趣和路径,与福泽谕吉倡导的"脱亚入欧"和"文明开化"甚为相似。该书的序言《近世文明与新闻之德泽》中也明确表示所以对新闻业的势力极为惊叹,是因为自己曾经"环游欧美文明之邦",相形之下,"日本僻处东海,闭关锁港,后泰西文明已二百余年。明治维新,始得少睹末光。尔来三十余年,虽文明之所及尚浅,而企图进步者,亦不一而足。然于新闻事业,尚未见其日进,良可叹也","晚近以来,日本之新闻事业,已有跃跃欲飞之势,然较欧美诸国,犹瞠乎莫及"[②]。将这段话与被梁启超引用的那几句放在一起,不难看出,在松本那里,所谓"第四种族",在欧美"亦只七八十年前之事",恰恰因为是新近之事,因此才有可能被日本迅速复制。[③] 因此他才会去考察欧美新闻事业如何发达,又怎样运作。基于这一目的,他自然会着力描述和梳理以"新闻纸"为中心的林林总总,"至夫此新现象,如何而搜集之,编辑之,评论之,一切分配各地,俾众周知之法及讲究理论之学,是为新闻学得分之为三部焉。第一,新闻所自出之地,搜集社会之新闻,编辑恰当加以时评,行于所自出之地,以采访及编辑为主。第二,新闻之分配销凡编辑印刷既成之新闻,当讨论其分配于读者之方法。第三,新闻之消费,新闻之畅销,视购读新闻者之多少。然其法亦宜考究。如欲使新闻畅销流行,必须使探访人及编辑者各尽其职。使其分配不善,则不能达其目的也。夫新闻学既已如斯,而欲从事于新闻者,首在熟知其性质"[④]。不妨借用数学的术语,来描述两人对"第四种族"这一观念的使用差异。在松本君平那里,它既有明确的时空范围,更是一个因变量,因此他才要试图给出明确的解析式;但在梁启超那里,就不仅是自变量,还是在任何情况下都存在和恒定的常数,既然本身就已

---

① 陈立新.松本君平其人其事[J].国际新闻界,2011(2):100—105.
② 松本君平.新闻学[M]//余家宏,宁树藩,徐培汀,等.新闻文存.北京:中国新闻出版社,1987:8.
③ 松本君平.新闻学[M]//余家宏,宁树藩,徐培汀,等.新闻文存.北京:中国新闻出版社,1987:6.
④ 松本君平.新闻学[M]//余家宏,宁树藩,徐培汀,等.新闻文存.北京:中国新闻出版社,1987:10—11.

究竟，又何须考察它是从何而来又要如何才能达到？其实，对从日本学界间接获知的术语褒扬有加，而非对完整的学理架构深入把握，对梁启超来讲实在太过寻常。仅在《清议报》和《新民丛报》时期，他自己就构造了不下十个"某某兴，则国族强"的路线图，它们单独看来尚属自洽，放在一起，各种因素之间的次序权重，各条路径之间的位置关系，只怕他自己都未必考虑得周全。就此而言，"新闻学"也好，"报学"也罢，乃至"新史学"抑或"财政学"，在此时的他那里，不过就是一个信手拿来，裁剪而为我所用，背书自己定见的新名词而已，根本就谈不上对"第四种族""新闻""新闻学"有什么对象化的认知。

沿着这样的思路，再来考查《万国公报》的《报学专科之设立》，就能看到该报同仁对"报学专科"在美国的出现，也是存而不论。"西国分类学堂，为最近之进步。各专科之间，于新闻杂志一类，所谓报学者，则犹有未遑也。近日美国纽约世界报主人布列周，拟捐出美金二百万元，特为报学专科立一学堂。盖世界报乃纽约最大之报馆。其房屋一项，至值美金一百万元。每日所出之报，至五十万纸至一百万纸。故布列周之意，尝谓美国报馆之多，而报学界上独无专科之教育，致能通知报学者尚少，必当以报学立为科学一项，方足收效。因以美金一百万元置于纽约哥伦比亚大书院中。先行举办，俟三年之后，此种学堂通于各处，愿再捐美金一百万元云"，"自布列周发表其意之后，或谓报学一科，不宜于学堂，只应于报馆中学习；或谓报学一科，既得专门学堂，以研究之将来，必大得进步。或谓报馆成立，其组织之法，各自不同。未免繁杂无当。要之难，各说纷如。而有美金二百万元以为资助，则终有就绪也，可无疑矣"[①]。

第一段话里的"美国报馆之多，而报学界上独无专科之教育"以下的论述，被明确标识是"布列周之意"，这是标准的直接引语。第二段话中的"而有美金二百万元以为资助，则终有就绪也，可无疑矣"，也只是认定有这么雄厚的财力，把新闻学院办起来应该没问题。通观全文，其实并未涉及该不该有"报学"或者"报学"应该怎样。这篇文稿被放在该期的"译谭随笔"栏中，和《大阪商埠之兴旺》《美国兴盛之实验》等文章并排。"报学"也好，"报学专科"也罢，在这里只是被描述的存在，而非被评判的对象。如果读过普利策的《新闻学院》(The College of Journalism)，就不难理解为何这些报人们对"报学"(或者更加切地说，是普利策对报学的构想)会有这样的态度。普利策的这篇文章格外强调新闻教育可以培育记者所需的良知和洞

① 译谭随笔·十则[J]. 万国公报, 1904(189): 10-10.

察力,似乎绕开了它们在根本上是不是只能被先天地给予。然而这正是亚伯拉罕诸教的基准原则,从信仰的角度看,公然回避本身岂非也是挑战?① 林乐知等人虽说门户不窄,但毕竟是教会中人。何况他所在的监理会,教理和基督观是传承罗马教会一脉,即便是"道成肉身",在他们那里,也是从属于"救赎"这个不可发问的前提。就此而言,他们能在随笔中客观提及已属不易,又怎可能沿着这位犹太人的策略,将个中问题视作可以从信仰中怯魅、切割,因而能从技术上讨论的论域?

在晚清中国的思想和学术演化中,教会和传教士从来是知识的中介,梁启超这样的"过渡知识分子"则是潮流的主导。但综上所述,"过渡知识分子"所以重视报刊,只是认定它的理想与否与国族命运息息相关。他们在甲午之后勾勒的那幅"救亡"路线图认定国族危在旦夕,根本无暇顾及包括报业在内所有可能的救亡手段这本身就值得单独研判。从认知的心态以及由此生成的价值判断而言,和早期的凯恩斯主义经济学根本就不考虑积极的财政政策和货币政策会带来怎样的长期效应极为相似。其实,即便在强调"治学"和"治事"应分为两途的严复那里,所谓"严译八经"也都进行了增补删减。② 在这样的学问观下,重视报刊和无暇顾及"报学",其实并不相悖。

## 第二节  "中国新闻学"的速成:基于民初"学问观"的丕变

如前所述,在清末,"新闻学"还只是被偶尔提及的新名词,尚未作为"学问"被国人接纳。这种疏离根植于斯时国人基于对时局、国运的悲观、焦虑的心态所抱有的来不及考虑其长远效应,顾不上研讨各部类本体存在的学问观。但既然其间的因果是结构性的,根本的动力因素的变化自然会透过重重关联,生成性地影响和决定着"新闻学"在中国的际遇。从近于空白到勃然而兴,单从表象上看自然是断裂,但在动力机理上却是连贯。自然,由于无法对史料在统计学意义上的代表性进行较为准确的评估,而在近代中国,在不同的区域、族群、领域内,各种因素的演化指

---

① JOSEPH Pulitzer.The College of Journalism[J].the North American Review,1904,178(570):641—680.

② 严复.论治事治学宜分二途[M]//王栻.严复集:第 1 册.北京:中华书局,1986:88—89.

向、变化快慢、互动结构更是繁复难数,除非存心要搭建宏大叙事的框架。要为国人对局势的共识认知划定一个精确的时刻点,技术上既难以操作,更全无学术上的意义。因此,笔者也就只能依据目前学界的共识,将变化的时段大体划定在民初到一战前后。

较之政权的变更,"亚洲第一共和"的建立更使得国人对未来的期待颇为乐观。譬如据郭沫若的追忆,"那时的少年人大都是一些国家主义者,他们有极浓重的民族感情,极葱茏的富国强兵的祈愿,而又带有极幼稚的自我陶醉,他们以为只要把头上的豚尾一剪,把那原始的黄色大龙旗一换,把非汉族的清政府一推翻,中国便立地可成为'醒狮',便把英、美、德、法、意、奥、日、俄等当时的所谓'八大国',当成几个汤团,一口吞下"①。而在此后的 1914 年,第一次世界大战在近代文明的发源地欧洲猝然爆发,其惨烈程度,出乎所有人的预料。从群体共识的角度看,它又一次严重地冲击,乃至重构了国人对"世界"和"文明"的认知。罗素曾提到,在战后访华期间,不少人对他讲,1914 年前自己对于西方文化不甚怀疑,但及欧战起,却不能不相信它必有自己的缺陷。② 在旅欧年余后,梁启超 1920 年 3 月甫一回国,就在《时事新报》和《晨报》上连载见闻。此后他反复强调,此行最大的收获,就是对中国文化的悲观情绪一扫而光,相信它可以开辟新境并助益西方文化。③ 除了文化维度上的反思,中国在一战中的作为和在战后的际遇,也从现实促使国人重新审计视"世界"。大战意味着国际格局的剧烈变动,对于虽大却弱的中国却是提高地位的契机。况且虽说远离主战场,山东问题也关涉国家的核心利益。因此,中国始终以多边外交和派遣劳工为主要手段,相当积极地折冲樽俎。④ 结果是有得有失。所谓得,主要指中国终于以平等身份参与国际事务,不仅在与日本的斗争中取得广泛的舆论支持,还成为国联行政院的非常任理事国。⑤ 到此为止,中国在法理上不

① 郭沫若.少年时代[M].北京:人民文学出版社,1982:271.
② 罗素.中国之问题[M].赵文锐,译.北京:中华书局,1924:190.
③ 郑师渠.论欧战后中国社会文化思潮的变动[J].近代史研究,1997(3):207-234.
④ 在笔者有限的阅读范围内,至少徐国琦《中国与大战:寻求新的国家认同与国际化》一书,对此论述甚详.
⑤ 华尔脱斯.国际联盟史上卷[M].汉傲,宁京,译.北京:商务印书馆,1964:370-377.国联自成立以来,就以行政院为运转中心,其地位与后来的联合国安理会相仿。非常任国每届任期两年。1920 年选出首届行政院时,非常任理事国只有 4 个,中国便在其中占有一席理事。此后直到因二战爆发停止活动,中国共同当选 4 次。

仅被世界体系完全接纳,而且成为颇具分量的一员。在"凡尔赛—华盛顿体系"下,领土的安全、国族的存续都得到暂时的保障。实际上,在 1931 年 9 月以前,哪怕日本的文武重臣,也未必预料到远东的局势会受到如此迅速而剧烈的冲击。既然"救亡"已有阶段性的明显成绩,"启蒙"亦在积极推进,也就不妨以稍微从容的心态来审视和谋划"图强"。正是在国体、政体以及国族的存亡似乎已不是问题的情况下,报业、报人才有可能将自己也认定为独立的行当。

从这个角度着眼,北京《亚细亚日报》1913 年 1 月 5 日所刊《新闻界之革命》一文就颇能说明报人在"鼎革"后的职业观念。该文在描述"军兴以来,新闻事业应时发生,其势如雨后之笋,如方春之草"的概貌后,旋即强调"新闻界"的现状是"其真能热心诚实,以尽言论之责者,则如麟角凤毛.不可多求。而其间挟朋党之见,以颠倒黑白混淆是非者满纸皆是,每一问题发生,各是其所非,各非其所是,于事实之真相,阅者不能尽悉。各挟一党同伐异之间,横亘于胸中,其真能以正直之眼光、公平之心肠、按脉切理考求其是者,不数数见"。在作者看来,其中成因就是"中国之有新闻,已有数十年,而其组织犹未能尽满人意","在新闻经营者,不视为唯一之目的,而但藉新闻为一种手段,以达其他目的"。即便在"军兴"以后,仍然是"好谈政治而不注重社会也……在详中而略外也",以至于"增设数十百家,而言论界之信用益轻。势力以分而不厚,人才以滥而不竞"①。虽说北京《亚细亚日报》在后世名声不佳,但这样批评同业诸君,却可说明其间的理路,尤其是新闻经营者当以为"唯一之目的"的观念,在当时的报界中已得到相当的认可。

既然是要各安本业,为"图强"出力,也就势必既要处处赶超外人,更要做长远之计。完成这番宏伟的规划,当然要以同样的标尺来衡量自己和对象之间究竟在哪些方面还存在多大的差距? 这样一来,所谓发达与落后,也就被转化成可以被量化评估的技术问题,有形的器物装备、资本规模以及从业人员的专业水准,自然就成为被关注的侧重。这样比较,其实也就意味着包括"新闻业"在内的各类行当,在某种程度上可以经过努力得到充分的提升。把握了其间的理路,也就不难理解为何当时报人乃至国人,多对当下的中国报业抱有深深的遗憾,更确切地说,对它的将来希望越大,对当下责之甚切。从表 1-3 和表 1-4 不难看到此时报人和上层精英对"吾国报业"的评判与期待。

---

① 新闻界之革命[N].亚细亚日报,1913—1—5.

**表 1-3　报人的评述**

| 表述内容 | 论著名称及章节 |
| --- | --- |
| 吾国报纸,虽无不以提倡道德自命,然查其新闻,常不确实,读其论说,常欠平允,往往使是非不明,致善者灰心而恶者张胆。更观其广告,则诲淫之药品,治游之指南,亦登之而无所忌讳……美国各大报,近对于广告多采取廓清政策,尤为有力,既排除诲淫之广告,即虚伪欺人者,亦不收登,如是其广告,不啻商业新闻,深得社会之信任,商业因之颇为振兴。又聘请有专门智识之人,编辑商业专栏,登载金融贸易物价市况种种消息,既敏且详,亦足助商业之发达。各大报所以如是者,盖因认振兴商业为其职务之一也。 | 徐宝璜《新闻学》,第二章 |
| 至"最近"之期限,当视一国之交通便利与否而后能定,在交通极便之美国,二十四小时以前之事,即成旧闻。在中国"最近"二字,现似不能如此严格解释。然非四五日以前之事,则又可断言。总之,一国之交通愈便利,则"最近"之期限愈缩短也。 | 徐宝璜《新闻学》,第三章 |
| 纽约及芝加哥之大报,常日刊七八次,可谓极其能事者矣。吾国报纸虽遇最紧要之事,不及候次日登载者,虽亦发行号外,然远不及增加发刊次数,因号外仅登最大之新闻,而且记载常极简单,为用甚小,无甚大补也。 | 徐宝璜《新闻学》,第五章 |
| 凡需专门知识及经验以采集之新闻,日特别新闻。欧美各国之大新闻社,对于此种新闻之采集,不责于普通之访员而特别请特别访员以任之。例如其报中之商业一栏,登载金融贸易市况种种消息,既敏且详。商业中之阅者,欲知股票之涨落,市价之升降,均可于此种探取消息。吾国报纸,虽亦附有商情一栏,然简略痼滞,不能与之同日语矣。所以然者,即因欧美各国之新闻纸,用特别之访员,其专门之知识及经验既深,故其采集之本领亦高。 | 徐宝璜《新闻学》,第六章 |
| 吾国访员,往往不去访人,而待人访问,且有自高身价者,诚为笑谈。若在他国,则凡遇少重要之事,必有访员在座。 | 徐宝璜《新闻学》,第六章 |
| 通信员可概分为三种……二日特派通信员,即社中特别派往某地以调查特定之事件者,欧美各大新闻社前派往前故调查欧洲情形者,即属此种。吾国尚有所谓"特约通讯员"者,即就事实而贯串以已见以成其通信者也。 | 徐宝璜《新闻学》,第六章 |
| 就吾国新闻界之现状言之,编撰社论之人,常即为采编新闻之人。且社论多为一人之意见,故大抵署名发表。在欧美大新闻社则不然,新闻门与社论门,大抵为对等之机关,两不相属。 | 徐宝璜《新闻学》,第九章 |

续表

| 表述内容 | 论著名称及章节 |
| --- | --- |
| 　　故欧美新闻社多欢迎大学毕业生,入社论门担任编辑。愚亦深望吾国之毕业大学生者,多置身新闻界,不让斗方名士,无聊政客与失学青年,盘踞其间,而日以谩骂及无谓之社论,呈于吾人眼帘之前也。 | 徐宝璜《新闻学》,第九章 |
| 　　各国之大新闻社,内部分科组织,阶级繁复而井然有条。我国则新闻事业尚在极幼稚时代,即如上海所称全国最大之报馆,然内部亦尚嫌其过简。因资本薄弱,至多不过百万,而日本之大报社,则资本已达三百万以上,且年年增加,进步未已;虽未足与欧美争雄,然我国视之,则大有愧色矣。 | 邵飘萍《实际应用新闻学》,第七章 |
| 　　世界新闻事业之趋势,基于"以新闻(news)为本位"之原则,故外交记者之地位有蒸蒸日上之势,虽各国之程度不同,而进步之趋势则一……例如我国之新闻事业,即在今日亦不能不称为幼稚。然在四十年前之《申报》,其中只有文章、诗词或小说等类,新闻不过一二最不相干之趣事,盖重文辞而未重纽斯之时代也。然嗣后逐渐改进以至于今日,其所谓改进之过程,特在纽斯材料之渐增而已,换言之,新闻进步与否之标准,惟视纽斯增加与否以为断。 | 邵飘萍《实际应用新闻学》,第七章 |
| 　　如欧美各文明国,新闻杂志种类之多,殆不可以数计,而每日发行之额,动辄数百万,最普通者,亦每日十余万,或数十万,日本之《每日》《朝日》已达数十万矣。独我国所称为发行额最多之新闻,乃每日未达十万之数,而种类之少,设备之陋,尤足以显示文明幼稚之特色。 | 邵飘萍《新闻学总论》,绪言 |
| 　　在东方新闻事业尚未十分发达之国家,其工场或有一部分不完备者,不得的依赖于他社……此就日本二十年前之情形而论,今则中等以上之新闻社,大抵皆有自备之工场矣。惟我国之幼稚,则特为可怜。上海之新闻社,只《申》《新》两家,较为完备(西报除外)。北京则有印刷者居极少数,且人力手摇之机为多(轮转及用电者无之)。因其销数至多不过五六千至万余张(小报有较多者,然白天即印,不成为新闻纸也)不必用如此之速力,机少而用电,反不经济也。至其中各种奇形怪状,籍是以糊个人口者,则本书不忍为之述矣。 | 邵飘萍《新闻学总论》,第三章 |

　　(1)徐宝璜.新闻学[M].北京:中国人民大学出版社,1994:6—7,8—9,13,26,43—44,46,47,80,82。

　　(2)肖东发,邓绍根.邵飘萍新闻学论集[M].北京:北京大学出版社,2008:5,8,10,38,42,102,123—124。

不难看出,若从对"什么才是理想的报刊模式"是否持有明确见解来看,邵飘萍的报刊理念其实并不很清晰,他既非当然地认可自己认知的西国报业,却又并未加以否定,还仍以其为衡量中国报业的标杆。实际上,这种深层的困惑,也正体现此时国人的再度审视中,"西国"虽仍是先进,却已非不言自明的彼岸。徐宝璜的比较更侧重新闻生产的专业化水准。乍看上去,他对中外报业的评价似乎褒贬鲜明,但这恰也是依据统一标准所得到的比较结果,而非比较的起点。就此而言,徐宝璜和邵飘萍既在各自视角上恰成互补,更在观察和言说的方式上旨趣相通。不管结果如何,只要须由比较而得,也就意味着彼此之间既非高下预判,更无本质差别,既是地位对等,更在同样的尺度下。从这个意义上讲,他们的探讨标志着对于自己想象中的"西国"同行,中国报人已不再甘心只是敬仰,而是既当学,更可学。

表1-4　上层精英对报业的评述

| 人物 | 年份 | 当时身份 | 相关表述 |
|---|---|---|---|
| 符鼎升 | 1919 | 国会参议院议员 | 文字之灵,规讽而匡正之,以无忝民意为究竟。是以不出户牖,尽知天下所苦乐,此新闻事业之权舆也。大抵文字记载,出于无容心则其情真,又必各有其所为,故其义实。情真义实,则政治良窳赖以亭毒,风俗厚薄赖以转移。 |
| 王正廷 | 1923 | 中国大学校长 | 报纸原以代表一国家一时代文化之背影,自不能单独发达,有长足之进步。然新闻家之未尽得其道,要亦为阻滞进化之主因。 |
| 黄郛 | 1923 | 教育总长 | 年来政潮不靖,虽原因众多,而舆论界之不善指导,实亦不能讳言。 |
| 孙文 | 1923 | 中国国民党总理海陆军大本营大元帅 | 吾国今日外逼于强权之压,内则因奸邪之横行,国势蜩螗,民生涂炭,只可藉以一叹呻吟者,舍新闻记者外,更属诸谁何?是则我国记者之责任,不又较甚于欧美耶? |
| 白鹏飞 | 1924 | 国立暨南学校校长 | 报纸为社会之木铎,天下之耳目,国民之喉舌,其重要盖与日常生活中之衣食住行相等,而完成此重大的任务者,则为新闻记者。新闻记者,虽为一种职业,然其神圣微妙之处,则实超趋于任何职业之上。 |
| 梁启超 | 1925 | 清华学校国学研究院教授 | 夫新闻事业,高尚之职业也。惟其感化人民思想及道德之力,至大无匹,故训练较善之新闻记者,以编辑较善之报纸,俾服务于公众亦较善,实今日当务之急也。 |

续表

| 人物 | 年份 | 当时身份 | 相关表述 |
|------|------|----------|----------|
| 王世杰 | 1926 | 北京大学教授 | 报纸是现代社会中一种最大的实力。握有这种实力的人,应该以其实力去督责或抵抗有力的政府,而不当以其实力去蹂躏缺乏抵抗力的私人,应该以其实力去倡导或维持善良的风纪。而不当以其实力去助长或奉迎社会上种种妨害善良风纪的恶思想或恶习惯。 |

　　(1)符鼎升.符序[M]//徐宝璜.新闻学.北京:中国人民大学出版社,1994:7.该文末尾标注写作时间是"民国七年八月","民国七年"当为笔误。

　　(2)王正廷.王序[M]//黄郭.黄序[M]//肖东发,邓绍根,邵飘萍新闻学论集.北京:北京大学出版社,2008:10,11。

　　(3)孙文.序[M]//伍超.新闻学大纲.上海:商务印书馆,1925:47.孙序所署日期为"民国十二年十一月"。虽说该书抄袭任白涛《应用新闻学》已近公论,但孙序却为其独有。

　　(4)白鹏飞.我对于新闻记者之希望[N].晨报六周年增刊.1924(增刊):328-329。

　　(5)梁启超.序[M]//戈公振.新闻学撮要.上海:上海新闻记者联合会,1929:41。

　　(6)王世杰.对于中国报纸罪言[J].现代评论,1926(第一年周年纪念增刊):1-8。

　　如果说表1-3体现的是报人自我评判,不好说是否过于自谦,表1-4所列人物又均是位列高端未免太过责备求全,罗家伦(志希)1919年发表的《今日中国之新闻界》一文也许更能体现国人对"吾国报业"的观感和期望。此时的罗家伦虽说在北大学生中已经颇有声望,但毕竟还是新生世代,而且正如他所说"虽曾处新闻界中,却又等于处在新闻界外,所以能以第三者的眼光,说几句'局外话'"。[①]文章开头就借用《九三年》开篇的话,论定"今日中国之新闻界"仿佛既是在最坏的时代,也未尝不可能有最好的将来。[②]在这篇议论中,罗家伦直率地抨击,"一般新闻记者,除了最少数是受过完全教育的,或是真有志向学的而外,其余约分二类,一类是'斗方名士'同'末路官僚',一类就是堕落的青年",因此对"二三年来世界大势"茫然无措。他还痛斥"新闻界没有道德""逢迎社会之恶",以"我是在营业"为借口,"搜辑许多小新闻,来做他们的参考",甚至还公然以专版登载满纸的"花讯"。[③]但与此同时,他也以"许多报都有了高等通信员",因此对国内大事能有系统报道,"编辑取材也比前几年进步";"今年北京同上海的新闻记者,知道同他国新闻界联络,有渡日考察等事,足以为他日'国民外交'的援助"这三个变化为依据,赞许中国的新闻界其实也是在进步中,只不过"未能如我们心中所预想的情形了"。[④]而且,罗家伦还很坦率地承认,他的评判是以"伦敦纽约各大报"为标尺的比较结果,而欧美大报有今日的风光,也是"非天授乃人为"。[⑤]这

---

　　[①②③④⑤]　志希.今日中国之新闻界[J].新潮,1919,1(1):123-129.

其实也可理解为他期待中国报业能够后来居上,在他看来,"吾国报业"其实并不缺乏生存与发展的空间,"现在中国识字的人,一天多一天,只要记者有手腕,尽可以不需用评花评戏的小新闻,而能使报纸一天畅销一天",既然要"记者有手腕",对于报业该如何承载和推动社会的进步,自然就当下番工夫。

当然,纵使"新闻"被公认值得探究,也并不等于个中探求就足以被承认为"学"。但基本上也在同一时段,仍是以学制为体现,国人的"学问观"也出现显著的变化。大致而言,就是在各门各科之间,即便还有新旧粗精之别,却在名份上逐渐再无高低尊卑。这在清末就初见端倪,所谓"废科举、兴学堂",并非取消"功名"这个入仕的资格门槛,按照1904年颁布的《奏定各学堂奖励章程》,即便毕业生此前没有功名,若从通儒院毕业,则等同于散馆的翰林院庶吉士;大学堂和分科大学毕业生,考列最优等、优等、中等的授予进士出身,下等授同进士出身;大学堂预科、各省高等学堂、优等师范毕业生,最优等、优等、中等授予举人功名,优等师范的最优等毕业生,还可以被选任为加五品衔的国子监博士;中学堂毕业生,最优等、优等、中等的准许以拔贡、优贡、岁贡的资格,保送进入高等学堂。① 须知"功名"不仅是对学力的认定,更是入仕任职的资格。前文曾提及,此时的各科大学共设有四十六个学门,这也意味着其中任何一个学门都可以成为显亲扬名的晋身之阶。此外,如果从欧美、日本留学归来,通过朝廷组织的留学生考试,亦可分别获得进士和举人头衔。② 虽然在当时的士林老辈看来,"牙科进士"之类的名目根本就是笑谈,但这无疑征兆着中国的知识和学术权势体系开始了大幅度的世界化和近代化。

虽说还没等到成批的学生从海外归来,或是按部就班地从通儒院、大学堂、分科大学毕业,清帝国就已终结,但这种从各科俱可获得功名的制度设置,却既固化了中国社会对学历、学问的推崇,更改变了文化权势的生成格局。1913年1月,民国政府教育部公布大学规程,将大学分为文、理、商、医、农、工六科,其下共设三十九个学门。此外,在民初实行的壬子癸丑学制中,各个专门学校和高等师范,也被列入高等教育的序列。

---

① 璩鑫圭,唐良炎.中国近代教育史资料汇编.学制演变[M].上海:上海教育出版社,1991:514—519.

② 颜惠庆.参加清末第二届留学欧美毕业生考试的回忆(节录)[M]//冯克诚.清代后期教育思想与论著选读:下册.北京:人民武警出版社,2010:111—113.

表 1-5　1904 年和 1913 年的学门设置情况

| 1904 年<br>八科四十六学门 | 经学科:周易学、尚书学、毛诗学、春秋左传学、春秋三传学、周礼学、仪礼学、礼记学、论语学、孟子学、理学;<br>政法科:政治、法律;<br>文学科:中国史学、万国史学、中外地理学、中国文学、英国文学、法国文学、俄国文学、德国文学、日本国文学;<br>医学科:医学、药学;<br>格致科:算学、星学、物理学、化学、动植物学、地质学;<br>农　科:农学、农艺化学、林学、兽医学;<br>工　科:土木工学、机器工学、造船工学、造兵器工学、电器工学、建筑学、应用化学、火药学、采矿及冶金学;<br>商　科:银行及保险学、贸易及贩运学、关税学 |
|---|---|
| 1913 年<br>六科三十九学门 | 文科:哲学、文学、历史学、地理学;<br>理科:数学、星学、理论物理学、实验物理学、化学、动物学、植物学、地质学、矿物学;<br>法科:法律学、政治学、经济学;<br>商科:银行学、保险学、外国贸易学、领事学、税关仓库学、交通学;<br>医科:医学、药学;<br>农科:农学、农艺化学、林学、兽医学;<br>工科:土木工学、机械工学、船用机关学、造船学、造兵学、电气工学、建筑学、应用化学、火药学、采矿学、冶金学 |

(1)璩鑫圭,唐良炎.中国近代教育史资料汇编.学制演变[M].上海:上海教育出版社,1991:339—393.

(2)璩鑫圭,唐良炎.中国近代教育史资料汇编.学制演变[M].上海:上海教育出版社,1991:697—711.

从表 1-5 中可以看到,较之 1904 年,1913 年的学门设置不仅更近于世界通例,而且商科的门类着实不少(6 门)。这些门类既没有多少"中学""国学"的成分,亦不属于所谓"实科",无论在传统还是科学的维度上正当性都相对较弱。既然其他行业,尤其是向来被认为是"四民之末"的商科,可以被认为是"学问",被列入高教行列,甚至 1921 年还出现专门的上海商科大学(上海财经大学的前身),报业又为何不能有自己的"新闻学"或是"报学"?何况在创立民国这桩伟业中,各地商会、商团固然作用巨大,报业和报人也功不可没。也就难怪上海报界俱进会在 1912 年就声称要设立报业学堂,而且话还说得相当理直气壮,"夫一国之中,所来灌输文化、启牖知识、陶铸人才,其功不在教育下,厥惟报业,乃不先专养人才,欲起而与世界报业相抗衡,乌乎得?且报业之范围,固不仅在言论,凡交通、调查诸大段。悉包举于内。而为一国一社会之大机关,任大责重,岂能率尔操觚","吾国报业之不发达,岂无故耶？其最大原因,则为无专门之人才",因此专门来教学"一访事,一编辑,一广告之布置,一发行之方法"自然就是必要,而且只有由"专家日求改善"这些"良法"才能"以济其后焉"。① 就此而言,"新闻学"在中国,就不只是可以有,而是必须有。既然"新闻"被认定当有"学",而且在学术规制的框架内亦不无被接纳的可能,那么不管有怎样的架构和内容,在共和既立,又经历过"欧战"的中国,从名词转化为现实也就只是时间问题。当然,新"学"出道,亮相的场所是否高端,对能引发的后续效应影响至大,对于这个在好歹是本行出身的徐宝璜看来,"尚待完善"的新学科就更是如此。

好在作为被嵌入之物,"新闻学"在中国的初次亮相居然是在北京大学。其实细读蔡元培为徐著《新闻学》所写的序言,不难发现他对"新闻"是否在当下即可称"学",尤其是他心目中的"学",其实有相当的保留。所谓"我国虽有史学,而不足以包新闻学",乍看上去,是在肯定新闻学的必要性,但这是以新闻虽是"史之流裔",却"有营业性质"为前提。即便真的如他所祝愿那样"先生与新闻学研究会诸君,更为宏深之研究,使兹发展而成大学专科",也至多只能归在商科,说到底还是侧重于"术"。② 蔡元培早就坦率地表示,在他看来,"文理学也,虽亦有间接之应用,而治此者以研求真理为的,终身以之。所兼营者,不过教授著述之也,不出学理范围。法、商、医、农、工术也,直接应用,治此者虽亦可有永久研究之兴趣而及一种程度,不可不服务于社会,转以服务时之所经验,促其术之进步,与治学者之极深研几,不相侔也",国立大学要"以学为基本,术为枝干"。③ 因此,他在就任北大校长后,就尽力推动将"学"和"术"分开设置,将工科划给北洋大学,商科更名为商业学,作为学门并入整体有待分立出去的法科。由此不难想见,如果按照蔡元培的构想,"新闻学"始终难以被国立大学接受。事实上,直到1941年,复旦大学由私立而改制,新闻学都没有被任何国立大学正式设置为专业。

在这样的"学—术"观下,蔡元培还会允许,乃至推动"新闻学研究会"分润"北大"的场所和名分,就只能是出于私人关系。虽说蔡、邵二人的年纪、行辈、职业、身

---

① 报界俱进会组织报业学堂之提案[M]//戈公振.中国报学史.上海:上海书店,1989:278.比起最通用的中国新闻出版社1985年版,该版本少了杨瑾琤、宁树藩、方汉奇、王凤超等进行的200多条史实订正,但保留了原版的多幅图片,更适合了解该书的原貌。

② 蔡元培.蔡序[M]//徐宝璜.新闻学.北京:中国人民大学出版社,1994:2.

③ 蔡元培.读周春岳君《大学改制之商榷》[M]//璩鑫圭,唐良炎.中国近代教育史资料汇编.学制演变.上海:上海教育出版社,1991:820.

份,都存在相当差距,但蔡元培对一众乡党向来相当照拂,甚至有时还可以说是偏袒。而他能顺利出掌北大,跟浙籍士绅在民初的北京文教界势力庞深也有直接的关系。[①] 虽说他和邵飘萍在 1916 年以前并没有多少直接交往,但在两人之间,却至少有时任北京医科专门学校校长的汤尔和堪为中介。蔡和汤的亲近,已被发覆甚详,此处不赘。从汤尔和为邵飘萍著《实际应用新闻学》所作的序看,两人的关系亦可见一斑。汤尔和在开篇就盛赞"中国有报纸五十二年,足当新闻外交而无愧者,以余所知仅得二人;一为黄远生,一即飘萍"。[②] 须知黄远生虽说仅长邵飘萍一岁,但无论从学界、政界和报界的行辈来讲,都完全是两个世代。黄远生考中进士,与沈钧儒、谭延闿等人成为同年的时候,邵飘萍才刚刚进入金华府中学堂。1904年的甲辰科是废科举前的最后一科,自此以后读书人也就再无短短两三年间联科及第,从游庠速尔登科的机会,只能在各级学堂按部就班,逐年晋级。因此,这两位同龄人成名的时间也就大有早晚。黄远生既是进士加海归,又极获梁启超、李盛铎等大老的青目。他在民初的政坛,实际上就是进步党一系第二梯队的领袖。以这样的身份,也就难怪能轻易获得和袁世凯、孙中山等人独对长谈的机会,实为当时其他记者难以奢望。就此而言,黄远生所以被公认为民初名记者之首,其实在相当程度上得益于他是以"名人"而为"名记者"。单以他的成名来作为职业记者在中国兴起的标志,可能真是和历史情境隔了一层。相对而言,作为高等学堂的毕业生、民初浙江革命阵营的二三线人物,邵飘萍虽说起点也不算低,但在首都能混出偌大名堂,才真是由"记者"而"名记者",才进而"名人",其间经历的甘苦,当然远远多过功名早达的黄远生,这应该也是他对"记者""新闻"这个行当更加看重、认同,进而提倡和书写"新闻学"的缘故之一。

汤尔和真实的用意,其实还不止于此,以下是他对邵飘萍的规劝。

> 惟有不能已于言者,昔远生操新闻生活而举世忌之。非忌远生,忌远生之才而操远生之业也。远生之探新闻,几乎无孔不入。常人所不能到之地,远生无远弗届;寻常不能见之人,见亦不得其要领者,远生必有术焉,使之不能拒

---

① 其间经过可参阅浙江师范大学张金超 2012 年度硕士学位论文《出任北大校长时期的蔡元培——以学界交往为考察对象》的第一章"蔡元培初掌北大时的学界交往"。其间提到对蔡元培出任北大校长,至少汤尔和、马叙伦两位浙江籍人士起到重要作用。

② 汤尔和.汤序[M]//肖东发,邓绍根.邵飘萍新闻学论集.北京:北京大学出版社,2008:6—7.

绝。非寄不能拒绝而已,且使之不能敷衍,而又乐与为缘。虽立谈之顷,必得起纲要而去。其文浩瀚,又足以发挥所见而有余。此其所以死也。飘萍之勤,盖与远生相伯仲,而记忆之强,故当过之;文采纵稍逊于远生,而内容之翔实,远生犹或不逮。飘萍当闲谈之际,机杼无穷,其言滔滔,侭无成府;一旦行其职务,则状若木鸡,而静穆又如处女,批隙导窍,发问不多,使言者无从遁饰,亦不能自己。昔英使某君,谓项城对客,有如拳毛之狗,伏卧不动,而骨中之髓,吸吮无余。吾亦谓好发问者,有如食蟹,一敲一剔,肉已无遗。飘萍真其选也,此又远生不死也。第吾浙中子弟,大率以倔强著称,徒张空拳,而多方树敌,此至危之道,间亦为飘萍讼言而兼以自讼矣。虽然,言之匪艰,行之惟艰,愿见吾友共勉之也。[①]

这段话对黄、邵各自的长短品论确属的论,而点出黄远生是哪怕寻常不能见之人,都"乐与为缘",邵飘萍却必须靠自己的记性来把握机会,更是深明其中的缘由。但通篇以黄远生来做对比,主旨还是要这位同乡的小兄弟在"徒张空拳,而多方树敌"上稍加警醒,免得遭遇跟黄远生同样的结局。且不谈是不是一语成谶,1923年,邵飘萍正在人生巅峰,身名俱显、多方逢源,汤尔和在公开出版的书序里如此规劝,真是非至交不能言。当然,这段对汤、邵关系的阐述,看似与"新闻学"颇为游离。但如果我们不是将"新闻学""在中国的新闻学"作为学科的生成都信奉成完全被注定的类似于《圣经》中的"事就这样成了"的做功,而是把它看作在现实中的建构,要尽量返回到它赖以缘起和流变的现场,那么这样的考察也就未见得全是废话。当然,"浙籍"这个人脉关联所促成的也只是新闻学会在北大的首次登场。但在学科的发端阶段,这样的"偶然"所起到的作用,却真是不可随意忽略。其实在规制和权势结构正在转型的学界,这样的例子实在屡见不鲜。不妨试想,如果不是同样源于"浙籍"的关系,章门弟子是否能在北京高教界如此风光,乃至到数传之后依然声光不衰?

①　汤尔和.汤序[M]//肖东发,邓绍根.邵飘萍新闻学论集.北京:北京大学出版社,2008:6—7.

第二章

作为复数的『中国新闻学』（上）

——经典的本来面目

1918 年 10 月，北大新闻学会开讲。此后，徐宝璜将自己的讲稿写成总称为"新闻学大意"的系列文章，在《东方杂志》上连载。1919 年年底，再度改写的《新闻学》由北大日刊社出版单行本。另据任白涛的说法，他在此前就已将十余万字的《应用新闻学》书稿交予商务印书馆。自此，"新闻学"在中国的存在就已成事实。仅据《民国时期总书目》的记录和笔者搜集的结果，截止1937 年，在全面抗战爆发以前，国人所作的新闻学专著，至少有 59 种。其中的《新闻学名论集》《新闻学论文集》《新闻学刊全集》《新闻学演讲集》《新闻学言论集》《新闻学研究》《新闻学概观》《新闻事业与国难》《新闻学论集》均为论文集，除去重合部分，共收录论文 189 篇。可以说，"新闻学"在中国已是初具体量。

# 第一节　以学淑世："中国新闻学"的直接成因

　　然而,大致看下这些专著的目录、结构,还不难发现它们大多是从对"新闻"下定义为起点,似乎要通过这样的一路讲下来,对"新闻学"的方方面面都完整覆盖。如果对文本的阅读仅限于此,又以后世学术的分工合作体制来返观,纵然不好评价水平高低,至少也是在大面积地重复。也是出自回望的眼光,其中的三部:徐宝璜的《新闻学》(1919)、邵飘萍的《实际应用新闻学》(1923)、戈公振的《中国报学史》(1927),又被追认为新闻理论、新闻业务、新闻史研究的经典之作。

　　且先不管是否完全源自学科的内部生长,由于在后世的学科版图中,新闻理论又始终有着特殊的地位,《新闻学》又年代最早,体例最全,常被认可为"经典"中的"经典"。但徐宝璜自己又是怎样看待这部著作?在《新闻学》的自序里,他交代得很清楚,"新闻学乃近世青年学问之一种,尚在发育时期。余对于斯学,虽曾稍事涉猎,然并无系统之研究"①。在该书的第一章,他又坦陈:"新闻纸之滥觞既迟,而其特别发展,又不过近百年事。故待至近数十年,方有人以其为对象而特别研究之者。研究结果,颇多所得,已足以构成一种科学,不过尚在青年发育时期耳,此学名新闻学,亦名新闻纸学。既在发育时期,本难以下定义,姑曰:新闻学者,研究新闻纸之各问题而求得一正当解决之学也。"②乍看上去,徐氏似乎是通过"姑曰",坦陈自己对何谓"新闻学"其实并无把握。但何以明知勉强仍要勉力给出定义,甚至完成这部著述?还是在自序中,徐氏做了此番陈情:"吾国之报纸,现多徘徊歧路,即已迷途者,亦复不少。此书发刊之意,希望能导其正当之方向而行,为新闻界开一生面,至此书不当之处,自所不免,余甚希望高明者有以教之。"③

　　两段话放在一起,徐宝璜的著述缘由也就相当清晰:因为认定"吾国报业"在当下已经"误入歧途",所以才要尽自己的绵薄之力,用这部《新闻学》来聊胜于无地救救急,也就是"此虽稍显笼统,然终较胜于无"。④着实有几分我辈不出,奈苍生何的慨然与自负。既然是以这样的判断为根本的动因,让读者明白"新闻学"本身的必

---

① ②　徐宝璜.自序[M]//徐宝璜.新闻学.北京:中国人民大学出版社,1994:10.
③ ④　徐宝璜.自序[M]//徐宝璜.新闻学.北京:中国人民大学出版社,1994:11.

要,也就比起究竟要讲什么来更加重要。因此,《新闻学》的首章就是"新闻学之性质与重要",而且还给出了一副"新闻学兴,则新闻业良;新闻业良,则国族受益"的完整图景,"在教育普及之国,其国民无分男女老少,平时有不看书者,几无不看新闻者,言论行动,多受其影响。至对其记载,多所怀疑,对其议论,未肯盲信者,固不乏人;然其势力驾乎学校教员、教堂牧师之上,实为社会教育最具力之机关,亦为公论之事实",所以"美国各著名大学","近均设立新闻学专科,传输相当之知识,养成相当之人才,即因有见于斯学之非常重要也"①。美国当然是"教育普及之国",但在 1919 年,其著名学府就"均"设立新闻学专科,而非仅是课程? 相信徐宝璜对其中情形,应该并不隔膜,但为了凸显"新闻学"的必要,也就只能这样去说了。

暂且不谈在这部书中,徐宝璜开出的种种药方是否对症。这种既对报业的状况有所不满,又寄希望于新闻学理的心态,在当时国人的同类论著中并不鲜见。譬如《实际应用新闻学》侧重于讲述"外交记者"(也就是后世所称"记者""外勤记者")的方方面面,邵飘萍在起始部分就直言"我国新闻界外交记者人才所以缺乏之原因,既由于社会国家之不重视,又以一般记者,无新闻学上甚深之知识及关于新闻外交术之特别训练与修养"②。在为徐著《新闻学》所作的序中,邵飘萍更是以从业人士的身份现身说法:"余业新闻记者,窃叹我国新闻界人才之寥落,良由无人以新闻为一学科而研究之者。"③邵飘萍虽说并未对"新闻学"直接给出定义,对"新闻""新闻纸"与社会的关系也未给出如徐宝璜那样完整的架构。然而他不仅揭出"新闻事业之发达与文明程度为比例",而且在事件的层面上渲染得更为生动。例如《实际应用新闻学》在总括了"各国政府支出关于新闻政策之费用,每达数百万元。均足证明报纸势力之伟大,与夫外交记者责任之重要"之后,马上就给出具体的案例:"德之君臣,实有再击法国之阴谋,其机密为英国访员所揭破,登载于报纸,各国预为之备,遂以挫德之势,使欧洲延长四十年之平和。"④他在稍后出版的《新闻学总论》中更对中国因为新闻业的不发达,在巴黎和会与华盛顿会议的对日舆论战中

---

① 徐宝璜.新闻学[M].北京:中国人民大学出版社,1994:3. 该版本序言和正文单独编页。
② 邵飘萍.实际应用新闻学[M]//肖东发,邓绍根.邵飘萍新闻学论集.北京:北京大学出版社,2008:18.
③ 邵飘萍.实际应用新闻学[M]//肖东发,邓绍根.邵飘萍新闻学论集.北京:北京大学出版社,2008:212.
④ 邵飘萍.实际应用新闻学[M]//肖东发,邓绍根.邵飘萍新闻学论集.北京:北京大学出版社,2008:16.

屡屡失利痛心疾首。① 在这部书的绪论中,邵飘萍为了论证"新闻学上普通之知识,不独为新闻记者所应具。即多数国民,最好亦能使之相当了解",还引入欧美、日本为参照,"故如欧美各文明国,新闻杂志种类之多,殆不可以数计,而每日发行之额,动辄数百万,最普通者,亦每日十余万,或数十万,日本之《每日》《朝日》已达数十万矣。独我国所称为发行额最多之新闻,乃每日未达十万之数,而种类之少,设备之陋,尤足以显示文明幼稚之特色。盖以上述四例衡之,殆无一可与各国相提并论者,岂非'新闻事业之发达与文明程度为比例'之确证哉"②。

在稍晚的1927年,《中国报学史》也一开篇就展示了戈公振对国是与时局的忧思以及对报业的责备和期待,"军事扰攘,岁无宁日,吾人欲挽此危局,非先造成强有力之舆论不可。报纸既为代表民意之机关,应摒除已见,公开讨论,俾导民众之动作入于同一轨道"③。但在当下,除了"社会上未认识记者之地位为如何尊严,军政中人为尤甚","而就记者自身言之,亦多不明其责任之所在,而思有以引起人之尊重者",因此"欲除此弊,非提倡报学不可"。④ 在讲到清末的"民报"时,该书更是将"颠覆清社,宏我汉京"的伟业归功于出现了这样的"报纸之正规",慨叹"文学之盛衰,系乎国运之隆替,不其然欤"⑤。

当然,以后世眼光看来,此类图景未免将社会过程过于简化。然而从文本自身着眼,却既逻辑自洽,又难以有效证伪。观念成为学科的根本取向,更多地还在于它能被群体接受为共识。相信仅据前表1-4所列,已足以管窥在上层精英那里这种"新闻学兴—报业改良—国族受益"的逻辑也被广泛认同。除了以上"经典"之作,仅在前文所提及的论著里,这种既对当下的"吾国报业"多有不满,又寄希望于以"新闻学"或"报学"的学理探究来加以导正、引领的论述更比比皆是,大致情况可见下表2-1。

①　邵飘萍.新闻学总论[M].北京:京报馆出版部发行,1924:98—99.

②　邵飘萍.新闻学总论[M].北京:京报馆出版部发行,1924:3.

③　戈公振.中国报学史[M].上海:上海书店,1989:2.

④　戈公振.中国报学史[M].上海:上海书店,1989:1.

⑤　戈公振.中国报学史[M].上海:上海书店,1989:180.

表 2-1  民初学者什么是"新闻学"的理解与表述

| 著述名称 | 作者 | 相关表述 |
|---|---|---|
| 新闻学撮要 | 戈公振（编译） | 我觉得我们新闻界中人和有新闻记者志愿的人不能因事实而轻视学问，亦不能因学问而轻视事实。最好有新闻记者志愿的人，一面读书，一面做事。已在新闻界的人，一面做事，一面读书。读书与做事，在事业的发展上，是永久共进而不能分离的。 |
| 新闻学大纲 | 伍 超 | 遍观国内各大学，有关新闻学之设备否？上海我不甚熟悉，即以北京而论，大学中有新闻科者，只清华学校平民大学等三四而已，然或系初办，设备未全。即或系成立较久者，因社会上并不甚十分注意，而学校方面亦不以全力系之，只不过多设一科名而已。于实际上，仍无若何之关切。因此几无特殊成绩之可言，新闻事业范围若是之大，职务若是之重，竟会无人顾问，可谓奇矣！ |
| 中国之新闻学 | 吴天生 | 盖新闻学之在今日，实为一新生之科学，尚在萌芽创造时期，而未达乎完备形成之境。各国报章，每以专论论列，讨求改良之方，惜乎中国报纸，均付阙如，宜其进步甚迟也。今世所谓新闻学，大部类多侧重于新闻事业之方法，而于新闻事业之正鹄，讨论较少。新闻学者所以研究新闻事业之正鹄，从而循此正鹄，以求改善进步之方法也。 |
| 新闻学之实际运用 | 戴季陶 | 中国的报纸，是否指导确实，是否进步，是否改良，这一句话不敢说，倘使没有报纸，潮流到了，也会变化起来的。唉，实在看不出上海望平街的文化来啊。（按照什么标准来看）指着只一条马路，不过引起一场叹息罢了。总理把新闻界同业集中起来，谈谈新闻纸本身服务是什么，记者在社会上负担的是什么义务，目前处境困难，责任重大，研究新闻问题新闻经营的书籍很少。我所知道的，有一种出版物，翻译外籍，引起注意一种实际宣传研究事实，但尤其要注意本国事实。 |
| 应用新闻学 | 任白涛 | 学术昌明之现世，凡触于吾人官能者，无一非研究之对象。故使命重大、组织复杂之报纸，亦应人类之需要及贤哲研究之结果，遂于科学位置中特占一席焉。美利坚大学设新闻专科者，十有五所。英、德、法各国亦概有相当之记者养成机构。即后进的日本，亦有三数大学，曾特加新闻学之课程" |

（1）戈公振.初版序[M]//戈公振.新闻学撮要.上海：上海新闻记者联合会.1929:3.

（2）伍超.新闻学大纲[M].上海：商务印书馆,1925:序言.

（3）吴天生.中国之新闻学[M]//黄天鹏.新闻学论文集.上海：上海光华书局,1930:16.

（4）戴季陶.新闻学之实际运用[M]//黄天鹏.新闻学论文集.上海：上海光华书局,1930:123.该文中，戴季陶自称"六年前，兄弟已离家乡十八年，回到四川，经过重庆成都一带"（第122页）。戴季陶1905年出川，此文当写于1929年。

（5）任白涛.应用新闻学[M].上海：亚东图书馆.1937:2.该书序言、目录、正文均单独编页。

其实,这种试图以专门之学问来引导、导正专门之业,进而增进国族利益的路径设计,在 1920 年代前后绝非孤例。从这个意义上讲,"新闻学"在中国的突然繁盛,与任鸿隽、胡刚复等人发起"中国科学社",以及此后顾颉刚等人创建"禹贡学会"、陶孟和将社会调查设定为中央研究院社会科学研究所的主旨,虽说致力的门类不同,却是志趣相通。既然对"吾国报业"寄以如许厚望,其他能影响报业的因素又难以被自己掌控,身为读书人,先在"新闻学"的建立下番工夫,既是当前可为,更无可推卸。较之徐宝璜的"姑且",邵飘萍的表述更具担当,"吾人既为中国之从事于新闻事业者,决不能谓新闻学之进步,须坐待夫新闻业之进步,尤不能谓新闻业之进步,须坐待社会之进步而始进步也。盖'互为因果'云者,最初之因自有赖于吾人之努力,必人人皆有种此善因之决心,然后生生不已而相互之关系乃见。新闻学与新闻业亦然"。[①] 戈公振也坚信,"然吾人之从事此业者,决不能谓报学之进步,须坐待报业之进步,更不能谓报业之进步,须坐待社会之进步也。盖两者互为因果,自有赖于吾人之努力也"[②]。个中况味实与瞿秋白以"狗耕田"自况隐隐相通,也许这正是 20 世纪二三十年代,各新起学科的著述者(通常也被后世尊为开创者)的普遍心态。

## 第二节　各自的"中国新闻学":
## 基于对"吾国报业"的病理诊断

如前所述,至晚到 20 世纪 20 年代,在报人与知识人那里,"新闻学"不仅可能有,而且必须有,最好还立即就有已成共识。这样的期待,自然催生这个"学科"的诞生甚至是速生。从其根本取向看,就是为了推动"吾国之报业",而要在吾国创设"新闻学"。"吾国"在文化与社会上之于"他国"实有必须尊重的特殊性,亦为知识界在"欧战"以后的共识,对此也必须加以充分考虑。[③] 因此,他们要创建的还不止

---

①　邵飘萍.我国新闻学进步之趋势.新闻学应列为普通学科[M]//肖东发、邓绍根.邵飘萍新闻学论集.北京:北京大学出版社,2008:213.该文原刊于《东方杂志》第二十一卷第六号(1924年 3 月 25 日),第 23~25 页。

②　戈公振.中国报学史[M].上海:上海书店,1989:1.

③　郑师渠.论欧战后中国社会文化思潮的变动[J].近代史研究,1997(3):209—236。

是"在中国的新闻学"，而是"以中国为立场与方法的新闻学"。用邵飘萍的话来说，"我国之有新闻学，始于一二海外学子之编译，多注重与说明新闻之原理，而方法则较少焉。是因我国尚为特殊之社会，则适用于探究新闻，亦不可以无特殊之方法"①。

　　然而中国的报业又被公认为尚属"幼稚"，其间种种之于宗旨甚高的"中国新闻学"，也就谈不上有多少可被认为正面的经验。在这样的取向与预设下，虽说著述者大多以指导"吾国之报业"为取向，但由于经历、偏好、知识结构，甚至所处地域，不尽相同，"吾国之报业"到底是怎样，又到底处在怎样的阶段，却是横看成岭侧成峰。因此，"中国新闻学"也就始终难以，甚至根本就不可能走上通过经验材料的累积、提炼与共享，进而形成严格意义上的学术共同体的路子。但也正因为这个缘故，虽说遵循着不同的路径，甚至依据的是不同的材料，著述者却都不乏自认为科学的信心。这样一来，所谓"特殊之方法"，在很大程度上，也就只能是著述者个体的"特殊"。既然形不成公认的分工约束，也就只能各自从头做起，全凭一己之力来构造尽可能自洽的"学科"体系。反过来讲就是大可撇开前著，唯我独学。其实就此着眼，也许能从一个侧面透视为何"科学"之于"中国新闻学"，始终众所期待，然而却始终未能降临。② 接下来，不妨先以最被公认的经典作者及其著述为例，来研判下在他们各自作者那里的本意里，"中国新闻学"是按照怎样的脉络具体展开。当然，要这样做，就得暂且搁下后世的追见。

　　还是先来看《新闻学》。历来读者，尤其是将它作为新闻理论经典著作的读者，多重于前五章。然而，这只占全书不到一半的篇幅，而且这五章被包含在"编辑"部类中，"编辑"又与"组织"和"营业"并列为全书三个最顶层的版块。正如前文论及，在徐宝璜看来，"新闻学"就是"新闻纸学"，本书又是为导正"流入歧途"的"吾国之报业"而作，所以明知勉强，仍要"对于新闻学之重要问题，则皆为有系统之说明"③。把握了写作的动因，就不难理解，在徐宝璜那里，什么才算是"新闻学之重

① 邵飘萍.我国新闻学进步之趋势.新闻学应列为普通学科[M]//肖东发，邓绍根.邵飘萍新闻学论集.北京：北京大学出版社，2008：214.

② 在笔者有限的阅读范围内，姜红所著《现代中国新闻学科建构与学术思想中的科学主义(1918—1949)》(复旦大学2006年度博士学位论文，未刊)及唐远清先生所著《对"新闻无学论"的辨析及反思——兼论新闻学学科体系建构和学科发展》(中国广播电视出版社，2008年)均从各自的角度，对此有精道论述。

③ 徐宝璜.自序[M]//徐宝璜.新闻学.北京：中国人民大学出版社，1994：10.

要问题"。在他看来，那就是"吾国之报业"亟须导正的方方面面。落实到行文架构，自然不畏不详，但畏不全。全书十四章，不仅泰半在分部别类地讲述报馆的各部门应当如何运作，而且每每将"吾国"与"教育普及之国"逐条对比。从这个意义上讲，徐宝璜的这部《新闻学》更像是为报业的从业者（尤其是在他看来，对"新闻纸学"不甚了然，因而在操作中屡屡失当的"吾国"从业者）提供一本既覆盖全面，又可逐条对照的专业手册。

首先来看最顶层的版块划分。因为是以"新闻纸"为整体的观照本位，各项基本的概念和论述都被统合于此。既然"在教育普及之国"，"其国民无分男女老少，平时有不看书者，几无不看新闻纸者"，他们"言论行动，多受其影响"，那么之于社会公众，"新闻纸"首先透过内容来产生作用。所以，"编辑"在讨论时自然被放在最先前。"组织"的健全与否，又直接影响"编辑"的效果，被摆在第二位来谈自在情理之中。

再来看"编辑"的内部构成，徐宝璜谈到，"（报纸）其任务有六：为供给新闻，代表舆论，创造舆论，输灌知识，提供道德，及振兴商业"，之后马上强调"而前三者，尤为重要"①。但与诸多以之为祖本，按着讲的后世著述不同，在《新闻学》里，这样的判断并非出于理所当然，而是依据各项任务是否"与社会有极大之关系"来权衡轻重后的结果。既然在徐宝璜看来，"盖自民权发达以来，各国政治上、社会上、经济上之大事，多视其舆论为转移"，所以"供给新闻、代表舆论、创造舆论"才"尤为重要"，"而舆论之健全与否，又视其提供之事实究竟正确与否及详细与否以为定"，所以"供给新闻"就更是其中的重中之重。② 换句话说，徐宝璜是从"新闻纸"，或者更确切地说，是从他认定中的"教育发达之国"职有分司的"新闻纸"的状况，来给出这个"余之答案"。③ 因此，他才会在谈过"新闻纸"的任务之后，马上就在第三章（也就是分论的第一部分）中谈什么是"新闻"，"新闻"如何才能做到"正确"。在这样的论述路径下，在"新闻者，乃多数阅者所注意之最近事实也"这个经典定义中，其实强调最多的是"多数"。④ 因为只有得到"多数"的关注，报道才有可能在社会中发生"极大的关系"；而"最近"与否，也"当视一国之交通便利与否而后能定"。⑤ 由此

① 徐宝璜.新闻学［M］.北京:中国人民大学出版社,1994:3.
② 徐宝璜.新闻学［M］.北京:中国人民大学出版社,1994:4.
③ 徐宝璜.自序［M］//徐宝璜.新闻学.北京:中国人民大学出版社,1994:10.
④ 徐宝璜.新闻学［M］.北京:中国人民大学出版社,1994:15.
⑤ 徐宝璜.新闻学［M］.北京:中国人民大学出版社,1994:13.

可见,徐宝璜是依据"新闻纸"如何才能完成这个首要任务,给"事实"加上"多数"和"最近"这两个限制定语。一旦"社会"的范围确定,它们也就可以被量化。例如他对什么是"多数",就举出这样的案例,"《北京大学日刊》之阅者,既几全为北京大学中人矣,故事虽琐微如评议会之选举,该报可视为新闻而登之"①。

这样的路径与后世,尤其是1980年代以降,往往先将"新闻"归类为并不见得就要"新闻纸"才能提供的某种信息的写法,在框架和次序上其实迥然不同。虽说延伸下去,都会谈到"新闻"与"社会"的关系和互动,但徐宝璜依据"社会"的需要来判定"新闻",而后者以"新闻"(其实更多是作为"信息"的"新闻")为起点来构造"社会"。笔者在此无意辨析这两种路径哪个更好,抑或更便于搭建新闻学的学理脉络,但也许从如履薄冰地给出"余之答案",到理直气壮地以概念为中心去想象世界,正是一门学科从初创到稳固后的必然结果吧。

正因为徐宝璜是以他理想中的"新闻纸"为论述的本体,所以接下来的第四章《新闻之精采》、第五章《新闻之价值》也围绕着新闻要怎样才可能"正确"且"详细"依次展开。出于要为"最近事实是否为多数阅者所注意"给出一个更便于操作的标准,徐宝璜才会在"新闻之精采"中,描述为何"个人之关系""人类之同情""求胜之竞事""著名人物之姓名""著名机关之姓名""事情之稀奇"都可以作为衡量的维度。而且,在他看来,这又是基于"新闻之精彩,即吾人心理上之产物",所谓"吾人",在当时的语义环境中,与今日的"社会人",乃至"吾国之人",相当接近。② 就此而言,徐宝璜依然秉持着从"社会"来看"新闻纸"和"新闻"的认知顺序。

这样的展开方式,不仅体现在版块和章节的顺序设置,而且还贯穿于《新闻学》的具体行文中。该书几乎每一部分都是先给出"新闻纸"如何如何之后,旋即点出以此为参照,"吾国报业"存在怎样的差距。仅从篇幅上来讲,此类针砭文字就占到全书的将近一半。当然,对"应该"的判断越为自信,对"吾国报业"也就越为痛惜。例如在谈到"新闻须为事实"时,徐宝璜既强调"此理极明,无待解释,故凡凭空杜撰闭门捏造之消息,均非新闻",又马上斥责"吾国报业",以"报纸有闻必录"为"极普通之口头禅,且常引为护身符者也",其实是"绝无意义"。③ 这将直接导致"彼因无采访之能力,捏造消息,以了责任者",或者是"为迎合社会之恶劣心理,常捏登猥亵

---

① 徐宝璜.新闻学[M].北京:中国人民大学出版社,1994:14.

② 徐宝璜.新闻学[M].北京:中国人民大学出版社,1994:17.

③ 徐宝璜.新闻学[M].北京:中国人民大学出版社,1994:10.

之新闻如某某风流案,某姨太太或小姐之秘史者,或因受股东或津贴之指挥,登载一种谣言以混乱一时之是非者,是为有意以伪乱真,其欺骗阅者之罪,实不可恕"。① 对照来看,所谓"此理极明,无待解释",与其说是表明这根本无须多说,不如说更多的是要强调"吾国报业"即便对此都是懵懂无知。在《新闻之价值》的"增加发刊次数"条下,徐宝璜也是在评述"纽约及芝加哥之大报,常日刊七八次,可谓极其能事矣"之后,马上点出"吾国报纸遇最紧要之事,不及候次日登载者,虽亦发行号外,然远不及增加发刊次数。因号外仅登最大之新闻,而且记载常极简单,为用甚校,无大补也"。② 在"组织"和"经营"两个版块中,徐宝璜依然着力凸显"吾国报业"的不足。例如在第七章《新闻之编辑》中,他提到"吾国访员"对"材料适当之安排"全无意识,因此"仍多用旧法编辑新闻,致新闻之精彩常被埋没。致长至数千言,亦不分段落"③。稍后,更是举出京沪各报刊登的《交通运输会议开幕》这篇报道来逐段改动,以此体现"旧法"给阅者造成的障碍。

通读《新闻学》全书,徐宝璜虽说并未直接而系统地点出"吾国报业"究竟在哪些方面"误入歧途",但这种看似不言却处处给出标尺,恰恰表明在他那里"吾国报业"所患的病症是全方位的,与其零敲碎打,不如全盘更化,这部《新闻学》正是被他看作可能的推动因素。这种对知识的看重,应该与密歇根大学的专业培养计划有直接的关系。然而将"误入歧途"归因为专业知识不足,也绝不意味着"吾国报业"不可救药,恰恰相反,沿着这样的思路,只要洞明"新闻纸学",哪怕跟"先进各国"距离尚远,也未尝不能由知而行,将所有的"误入歧途"一并纠正,从而"开一新生面"。④ 实际上该书中也对近来,"学生界之消息亦为国内各报所十分注意""吾国尚有所谓'特约通信员'"等迹象颇为赞赏。⑤ 就此而言,徐宝璜对"导正"的方案设计,也是路径清晰,饱含信心。

① 　徐宝璜.新闻学[M].北京:中国人民大学出版社,1994:15.

② 　徐宝璜.新闻学[M].北京:中国人民大学出版社,1994:26.

③ 　徐宝璜.新闻学[M].北京:中国人民大学出版社,1994:59.

④ 　徐宝璜.自序[M]//徐宝璜.新闻学.北京:中国人民大学出版社,1994:11.

⑤ 　徐宝璜.新闻学[M].北京:中国人民大学出版社,1994:47.

再来看常被指为繁简失当，甚至文不对题的《中国报学史》。① 诚如前论，戈公振对"新闻学"（或者用他自己的话说，是"报学"）的期待与担当并无二致。然而作为后出之作，《中国报学史》虽也提及徐、邵两人及其专著，但全书却只字不引。② 但在该书开头，戈公振却至少两次提到何谓"报纸"。一次是在自序里，"报纸既为代表民意之机关，应摒除已见，公开讨论，俾导民众之动作入于同一轨道"，这么说是因为"军事扰攘，岁无宁日，吾人欲挽此危局，非先造成强有力之舆论不可"③。另一次是在研判了各家定义后揭出"报纸者，报告新闻，揭载评论，定期为公众而刊行者也"④。两处描述都将"民意"和"公众"看作报纸的基本宗旨，这也正是全书褒贬臧否的根本笔法。实际上，戈公振是先以此为中心，建构起虽简却明的"报学"，再以此为视野去观照"报史"。就此而言，将"中国报学史"理解为"报学"视野下的"中国报刊史"，似乎更近戈氏的本意。⑤

从所持的"新闻学"学理来看，戈公振与徐宝璜无论在路径和起点上都大相径庭。在徐宝璜那里，虽说认定"新闻纸"与"社会"存在"极大的关系"，但从其著述看，还是更多地将前者设定为自变量。这样的设定实际上更倾向于将"新闻纸"看

---

① 任白涛.综合新闻学[M].上海：上海书店，1991：66.在笔者有限的阅读范围内，最早也是常被引用的此类论述，当属任白涛在《综合新闻学》第一章《报纸与现代社会》注释中的追忆："一九二六年二月，戈公振君到西湖问我借材料，并把该书的油印底稿交我阅看。我匆忙看了半天半夜，即将大体上应行修正或增补之处，分条写出，夹入稿中，次日送到他的旅寓，付给茶房而去。他匆忙返沪之后，来信说'……归后检查，得指示若干条，当逐条修正……'出版之后，果照他信所说。只是那时我看得太匆忙了，所以忘记同他说《中国报学史》应改为《中国报业史》的事情；因该书内容，纯以中国报业为对象之故。但书名不妥当与少有说明报业形成之社会的背景，以及书中所叙堆积的事项还多遗漏之外，此书在贫乏的中国出版界，实不失为一部可读的书。盖著者为此书实费去不少功夫，绝非'率尔操觚'之作。"

② 戈公振.中国报学史[M].上海：上海书店，1989：275.原文如下："国立北京大学之有报学课程，已五六年于兹……每周授课二小时，教授为徐宝璜。去年曾新编讲义，但未几即改用所著之新闻学以为课本。参考书指定为 Harrington and Trankenbery 著之 *Essenials in Journalism*，Given 著之 *The Marketing of A Newspaper*，邵振青著之新闻学总论。"

③ 戈公振.中国报学史[M].上海：上海书店，1989：3—4.

④ 戈公振.中国报学史[M].上海：上海书店，1989：7.

⑤ 李秀云.中国新闻学术史（1834—1949）[M].北京：新华出版社，2004；黄旦.报刊的历史与历史的报刊[J].新闻大学，2007（1）：51—55.在笔者有限的阅读范围内，李秀云著《中国新闻学术史（1834—1949）》的第五章"中国近代新闻学研究主体"中对在戈公振那里"报学"与"报史"的关系有精当的论述，对本文颇具启发。而戈公振对"公共"的看重，进而建构出他自己的"报学"，则是黄旦教授在《报刊的历史与历史的报刊》中提出的洞见。

作可以从它与社会的互动关系中剥离出来,独立考察的自洽本体。戈公振虽未界定过"公共性",但从他对报纸的两次定义中就可看到,"报纸"是因为"公共性"而拥有被关注的价值,既然它是意义的被赋予者,也就不可能在"报学"中被设定为自足的本体。恰恰相反,它怎样承载"公共性"才是应当考察的中心问题。

由此也就不难理解,为何《新闻学》和《中国报学史》的第一章虽说都以导正"吾国报业"为动因,结果却是前者依托当下而展开,几乎未将既往的情境引入分析的框架;而在后者的脉络中,却必须向历史寻求答案。因为任何被划定为自足的存在,不管的确存在也罢(譬如近现代的数学),还是被想象的也好(譬如基督教的上帝),都无须以任何的历史演进作为其正当性来源。既然在徐宝璜看来,理想的"新闻纸"应该的样子根本不成问题,在"先进之国"已是事实,又何须探究"吾国报业"何以会"误入歧途"? 进而言之,在这样的框架下,无论哪国报业的往昔,都并不存在被作为中心来讨论的意义,不管"新闻纸"要承担哪些任务,其中又以什么"尤为重要",都只需要从当下,更确切地说,是论述者认定的当下来进行共时性的剖解。反过来说,如果不这样认为,纵使把"新闻纸"的当下说得再完备,又怎能解释它在判断"公共性"这一点上是否已经做到极致? 如果无法证明或者证伪这一点,任何基于"当下"被构建的想象,即便自身的架构在形式上再完整,又何以能被认可为"理想",怎能保证就一定能让"吾国报业"走上正途? 因此,在这样的设定下,无论具体的考量结果是什么,如果要从"公共性"来审视"报纸",建构"报学",必然就报纸在时移世易中展现出的现象来进行跨时段的比较。实际上,也正因为"当下"的"吾国报业"既是他们两人共同的忍不住的关怀,而又并不被认为有足够的正面经验,同样必须是去超越性的否思,这才导致了从前提到路径,从内容到架构上都迥然不同的"中国新闻学"。或许仅从各自之于"吾国报业"的姿态来看,徐宝璜的"新闻纸学"俨然降临的弥赛亚,戈公振的"报学"宛若示现中的维摩诘。

戈公振对"民意"和"公共"如此看重,从直接的文献来源上,当然可解释为受到藤原堪治影响。但仅从《中国报学史》第一章所罗列的各家学说看来,即便是间接获知,他所知的也不只一家。为何他会在诸多的可选项中,在"报纸"的界定做此抉择? 须知戈公振不仅是业界中人,而且供职于上海报界。在对"营业主义"甚为厌恶的他看来,此间情形是"民国以来之报纸,舍一部分杂志外,其精神远逊于清末。盖有为之记者,非进而为官,即退而为产业所化"[①]。《中国报学史》的出版晚

---

① 戈公振.中国报学史[M].上海:上海书店,1989:199.

于《新闻学》八年。在此期间，新闻学论著面世不少，黄昭宪、汪英宾也已学成归国，上海更从来是域外学术译介、传入的中心，松本君平的《新闻学》和休曼的《实用新闻学》的中文译本都是在沪上印制发行的，徐宝璜《新闻学》的第三稿（《新闻学大意》）也是在《东方杂志》上连载的。换言之，20世纪20年代的沪上报人，并不乏接触新闻学理的机会。既然器物、技能和专业知识上都不成问题，就只能从报人的内在素养和价值取向上去寻求报业不进反退的答案。加之既然"吾国报业"的演进在戈公振看来是盛极而衰，也就无须以他人为师，返回清末的"正规之报"也就足矣。所以他才会全力书写中国报业，尤其是清末民报的往昔，试图通过对伟大传统的具象描绘和反复咏赞来唤起报人的良知良能。这样一来，在旧学本有功底的戈公振那里，"报学"和"报史"的关系其实更类似传统学术中的经依史明，史为经翼，著史浩繁，却是为阐发群经的微言大义。

最后才来谈邵飘萍，是出于两方面的原因。第一，从所处情境看，他恰是徐宝璜和戈公振的中间项。较之身在学界的徐宝璜，他与业界更近。但他身在的北京报业却与上海报业在运作模式上颇为不同，如果说此时的上海业界已被认为"营业"过度，北京业界就恰恰是"营业"不足。第二，不管是以什么为本体，徐宝璜和戈公振都将"新闻纸"视作一个整体，进而描绘其与"社会"的关联图景。但同样是"吾国之报纸"，在邵飘萍看来，"我国新闻界所最需要者，为各种外交记者"①，"我国新闻界之最大缺憾，即苦无外交记者之人才，尤苦无社会新闻之外交记者之人才"②。因此，无论是《实际应用新闻学》还是《新闻学总论》，都以且仅以"外交记者"（或者"新闻记者"）为中心视角。仅从学理的角度看，这一论定既未经周延，也并非直观到不可发问，作为基本前提似乎根基不甚牢靠。但正如前论，"中国新闻学"的迅速兴起，原本在很大程度上就是感于"吾国报业"亟待导正。邵飘萍会有这样的判断，也是基于他对国族的关怀与感受。

从甲午之战到巴黎和会，中国在对外斗争（尤其是对日斗争中）屡屡失利，除了国力欠厚，在新闻报道和宣传上处于下风也是重要原因。③ 甚至到了1932年，从顾维钧与上海报界的座谈中，仍可看到中日在这方面的巨大差距："此外余尚有一

---

① 邵飘萍.实际应用新闻学[M]//肖东发，邓绍根.邵飘萍新闻学论集.北京：北京大学出版社,2008:25.

② 邵飘萍.实际应用新闻学[M]//肖东发，邓绍根.邵飘萍新闻学论集.北京：北京大学出版社,2008:46.

③ 孟斌斌.从甲午海战到甲午舆论战[N].中国社会科学报,2014.7.9:(B05).

事须同诸公陈述者,即日本新闻记者,与日本军政界之合作精神,系余等不得不钦佩。盖日方租住周密(原文如此),余等每莅一处,无不见其踪迹。彼等工作,不但在采访新闻而已,同时亦兼有一种侦探与监视之任务,余尝数次一人外出散步,事前既未要求派人保护,又未宣布时间,而其新闻记者,则竟以拍照为藉目,迁延时间,以待日方暗探或监视者之赶来。更有一次,约在长春车站,余尝出发赴车站时,仅偕一秘书,时所谓余之保卫者不在场,即有一记者跟踪谈新闻时,恒为军政当局刺探消息。日记者每表示提出一种意见,嗣后即成为事实,在中国领土内,尚且如是,其在本国内,则更可想见。又其宣传上之组织,亦甚完备,彼等每在调查团来至一处之前,先行前往布置;如调查团未抵哈埠之前,而哈埠各英文、俄文、日文等报纸,均已一律将调查团所拟调查之事,而同时亦为彼等所欲向人宣传者,尽量披露报端,是以调查团抵哈之时,即已可见,此吾人所可深切注意者也。"①

再如被中央社派驻日本的陈博生,在 1937 年的燕京大学新闻周上也如此描绘日本报界、记者的战斗力。"余尚忆及广田内阁辞职时,宇垣入京拜命组阁。彼之一举一动,皆有百十数新闻记者随其左右,废寝忘食地探听消息。宇垣至其私邸,即搭草棚,理厨灶,以安插此辈新闻记者;而此辈新闻记者,即在宇垣宅安设电话,忍疾病,冒风雨,日夜待之,不放丝毫新闻漏过,且能顾及消息之是否确实。回观中国从事新闻事业者,直如儿戏。"②又据俞凡等人的研究,近代在华的日本记者,所实际从事的远不只报道新闻。③

凡尔赛—华盛顿体系确立后,日本就是中国最大的安全威胁,邵飘萍从来都对现实政治介入甚深,至 1923 年,他已有两次居留日本的经历,无论论世还是论事,又怎有可能不对中、日在这方面的差距痛心疾首?而且,记者的采访,确实在国家和媒体的发展水平框定的范围内,大有依个人才具,从容展布的空间。远者遑论,正如前文所及,邵飘萍自己不就是赤手空拳,在北京打出一片天空?也就难怪,在他那里,世界的新闻业,或者更确切地说,是新闻业的世界,就是由"外交记者"为中心,他们的运作业绩将直接影响国族的利害。因此他才会在《实际应用新闻学》的开篇就直接点出"外交记者"的至关重要,"国家社会所受言论界之影响,其责任大

---

① 顾维钧谈话[J].申报,1932-6-17.

② 陈博生先生演讲辞[M]//今日中国报界的使命:第六届新闻学研讨会.北京:燕京大学新闻学系,1937:6.

③ 这是笔者与中国海洋大学俞凡交流时获得的指点,俞凡的大作《近代日本报人对华情报活动初探》已获 2015 年度国家社科后期资助,即将付印。

半外交记者负之。不仅关于国内也,世界上外交之大问题,帝国主义准备大战争之阴谋,每因新闻访员之一电,足以左右之,揭破之,使局势根本变化"①。不管前文所引的那段英国记者揭破德国预谋的故事,是确有其事还是辗转走样,但在邵飘萍那里,却既是理所当然,更是有力的支撑。

既然"外交记者"如此重要,他们的业务——采访和报道新闻,也就不只是报馆内部的职司分工,而毫无疑问地是报馆的存在意义所在。在这样的框架下,也就用不着像徐宝璜那样,要以"极大的关系"为尺度,在"新闻纸"的各项任务中权衡比较;更无须如戈公振那样,以"公共性"为尺度来评判"新闻"是不是天然来得比"言论"重要。在邵飘萍那里,"新闻"本身就是起点,承担"新闻"的"外交记者"就是本位。他在《实际应用新闻学》中也讲到"新闻价值",却是把它看作"外交记者"的工作要领,而非对"新闻"本身的测量体系。因此,这部分是被放置在"外交记者"诸论之后。当然,这样的侧重也是基于对整体的认识。因此在该书中,邵飘萍也就不只谈记者,而是用大量的篇幅铺陈何谓"新闻价值""新闻道德"以及新闻业的发展历程。可以说,在他那里,这部著述并非是以"外交记者"为研究对象,而是以他认为"外交记者"须知的"新闻学"为研究对象。

在《实际应用新闻学》出版后的第二年,邵飘萍又完成《新闻学总论》。按照该书附刊的广告:"飘萍先生著《新闻学丛书》将包括第一编《新闻学总论》(已出版,定价一元)、第二编《新闻材料采集法》(再版印刷中,即《实际应用新闻学》)、第三编《新闻编辑法》(编辑中)、第四编《广告及发行》(编辑中)。"②从这个顺序可以看到,在他心目中,《新闻学总论》才是其"新闻学"的总纲。

该书以"新闻事业之特质"为首章,启卷即揭此乃"社会公共之机关",紧接着就表明:"新闻纸之重大任务,既在对于人类间互相传达其意志感情趣味知识与夫一切利害有关之消息,故从事于新闻事业者,认明此种事业之特质。第一当彻底觉悟新闻纸之为社会公共之机关。根据事实与信奉真理,皆以社会公意为标准,非办理新闻社之个人或团体所可因一己或少数人之感情利害关系而任意左右之所以成为新闻事业之特质者。盖事业与营业,其趣味完全不同。新闻事业,尤与银行公司店铺等惟以营利为目的者有别。欲判断新闻纸的价值之有无大小,即以是否适合社

---

① 邵飘萍.实际应用新闻学[M]//肖东发,邓绍根.邵飘萍新闻学论集.北京:北京大学出版社,2008:15.

② 邵飘萍.新闻学总论[M].北京:京报馆出版部发行,1924:未编页码.此外,在该书的封面,亦注明此乃"国立法政大学讲义"及"新闻学丛书第一编"。

会公共机关之特质为第一必要条件。"①

不难看出，较之徐宝璜仅认定"新闻纸"当履行怎样的"职务"，邵飘萍不但更加彰显其"公共"，还将"公共"的范围拓展到至整个"社会"。因此，与《新闻学》相比，《新闻学总论》虽说同样涉及"新闻业""报业"的方方面面，讲述顺序却颇不相同。最显著的差异就是认定新闻报馆从根本上来讲就是全社会的公器，"从理论上言之，新闻事业非如银行公司等有业主（或股东）与顾客之别，记者与读者之间，并非股东与顾客之关系。读者可为记者，记者亦即读者，总之社内与社外，乃职掌形式之不同，非主客性质之有异"②。沿着这样的思路，无论在报社的内部组织还是总体运作中，最具公共性的"记者"自然最为重要，"故记者之与社长，除俸给问题以外，其地位资格以及人格的权威与社长并无高下。从另一方面观察之，其所负新闻记者之责任，有时且较诸社长为重要。盖社长仅为一社事务之主宰者，而新闻记者尤为社会之公人故也"③。所以该书不仅将"新闻记者"作为专章提出，而且还放置在"新闻社之组织"之前。也正因为是以"报纸为公共机关"为顶层的预设，所以要讲过"新闻记者"和"新闻社之组织"后，再来讲"新闻的定义"："新闻者，最近时间内所发生认识一切关系于社会人生的兴味实益之事物现象也。以关系者最多，及认识时机最适为其最高的价值之标准。"④通过上述的分析，不难看出，其间的"社会"实乃"最高"的当然尺度。

既然在邵飘萍看来，"外交记者""新闻记者"作为"公共"的承载主体，于国族的利益关系如此重大，他们的重要性也就应当被公众充分认知。因此他在《新闻学总论》的绪言中还说明，"新闻学上之普通知识，不独为新闻记者所应具。即多数国民，最好亦能使之相当了解，庶几对于新闻之论载，可以减少错误之观察"⑤。看似在强调"新闻学"应该进入通识领域，但目的却是减少"多数国民"对"新闻记者"工作成果的误读。不难想见，透过这样的"普通知识"，其实是强化"新闻记者"的特殊地位，跟后世的媒介素养教育，在起点上就南辕北辙。邵飘萍旋即还提到，"抑所谓新闻学者，初视之其范围似甚狭隘，不过关于新闻之采集、编辑以及营业方面之发行、广告等事耳。然即以新闻之采集、编辑言之，已包含世界上其大无外，其小无内之事物，非洞明人生一切之关系，未可遽云胜任而愉快。是外观似仅为一种学问，

---

① ② 邵飘萍.新闻学总论[M].北京：京报馆出版部发行，1924:7.

③ 邵飘萍.新闻学总论[M].北京：京报馆出版部发行，1924:26.

④ 邵飘萍.新闻学总论[M].北京：京报馆出版部发行，1924:80.

⑤ 邵飘萍.新闻学总论[M].北京：京报馆出版部发行，1924:1.

而须有无数学问以为之助也"①。乍看上去，仿佛是后世的场面话，但放在邵飘萍以新闻记者为中心的学理脉络中，这段话实际上是在彰显"新闻学"，或者更确切地说，是以"新闻记者"为当然中心的"新闻学"在知识谱系中的不凡位置。由此，也就不难理解，为何也是在 1924 年，邵飘萍会提出将他也承认"尚未完全脱离幼稚之境域"的新闻学列为普通学科，既然确信"（新闻记者）个人之活动亦足以使全体发生重大之变化"，"至若斯学高深之程度"，由"大学"来提供名分和知识的支持自然就是理所当然了。② 对于无力升入大学的绝大多数年轻人，也应当把"新闻知识列为国民普通知识之一"，在中学阶段就提供给他们。③ 从这个意义上讲，邵飘萍对"新闻学"的期待，在只希望它是一门独立学问的徐宝璜、戈公振以及诸多同道之上。

## 第三节　作为立场的"中国"："中国报刊史"的书写缘起

为何要书写本国报刊史？乍一看来，答案仿佛不言自明：既然中国已有报业，就得鉴往知今。但这已隐含前提，那就是对于当下，从中可以提炼或正或反的经验。倘若不这样做，也有现成的路径依归，即便是本国，又何须去着意认知？但正如前论，"欧战"以前，在报人的共识中，报业典范就在且只在西方。然而社会共识的转变，自然会促成报人审视，在普遍规律之外，"我国"报业是否还有什么应被认知的特殊，这就当然需要详尽地梳理它的既往。可以说，至此对本国报刊史的着意书写，才成为必要。自然，从标尺的转换到生成具体文本，通常存在时差。所以，中国报刊史到了稍后的 20 年代中期，才成为一时显学。戈公振在《中国报学史》的开篇，就揭明该书将"专述中国报纸之发达历史及其对于中国社会文化之关系"④。汪著开篇就断言，"整体而言，中国本土报刊的出现代表着世界报刊的发端"⑤。在

---

① 邵飘萍.新闻学总论[M].北京：京报馆出版部发行，1924：2.
② 邵飘萍.我国新闻学进步之趋势.新闻学应列为普通学科[M]//肖东发，邓绍根.邵飘萍新闻学论集.北京：北京大学出版社，2008：213.
③ 邵飘萍.新闻学应列为普通学科[M]//肖东发，邓绍根.邵飘萍新闻学论集.北京：北京大学出版社，2008：213.
④ 戈公振.中国报学史[M].上海：上海书店，1989：2.
⑤ 汪英宾.中国本土报刊的兴起[M].王海，王明亮，译.广州：暨南大学出版社，2013：1.

他们那里,"中国"不只是指称范围,更是探究立场。放到当时学界来看,它们跟梁漱溟的《东西文化及其哲学》、"学衡派"的活动、吕思勉的《白话本国史》等几乎同时的事物,虽说领域不同,但基本立场却旨趣相通。

## 一、"营业本位"与"精神本位":中国报刊史的书写逻辑

报刊史终究是历史,虽说预设已定,描述却要落实。既要寻出"中国"的特殊,又要证明这些特殊值得珍重,就需要既在逻辑上自洽,又为时人认可的基本框架。如前所论,"中国特殊"所以能成共识,更多是源于猝然之间对"西方"从崇拜转而失望。当群体心态被观感的陡变所左右,在中国报人眼里,自然会认定西方报业已问题重重,乃至于把它们正发生的变化也看作愈发下滑。延伸之下,如果本国报业也出现类似趋势,自然也不足称道。在这种主题先行的考察下,已盛于西方,在中国也已露苗头的所谓"营业主义",理所当然饱受猜疑。还在 1923 年,邵飘萍就质疑"新闻事业苟欲达于理想值境域,究以何种方法经营为恰当乎,此实将来之大问题",他坦陈"以营业本位为理想的经营方法,未免为偏于资本主义之见解也"。[①] 到了 30 年代,也是报社老板的成舍我,话说得就更加激愤:"现在全世界的报纸,普遍地,被压迫屈服于许多时代巨魔——资本主义和独裁统治——的淫威下,真正代表大众利益的报纸,即百不获一。"[②]此时报界以外的知识精英对此也颇有同感,例如戴季陶在《新闻学实际之应用》(1929 年)就指责:"日本新闻界,已成尾大不掉之势……记者明知谣言而硬造之,报纸明知谣言而硬登之,阅者明知谣言亦不得不随喜之……胡展堂先生谈巴黎报纸,真是气死人,国计民生,漠不相关,描写不相干的事物,如某要人的一只鞋子是某商店买的,如何漂亮,不惜笔墨,重要的话反弃而不取。"[③]

推论下去,如果不想重蹈覆辙,中国报界就必须摒弃"营业本位"和"资本主义"。然而摈弃了它们,又以什么为根本宗旨?借用戈公振的话说,既然民初以来,

①　邵飘萍.新闻学总论[M].北京:京报馆出版部发行,1924:245.

②　成舍我.中国报纸之将来[M]//燕京大学新闻学系.新闻学研究.上海:良友出版公司,1932:3.该书每篇文章均自起编页。

③　戴季陶.新闻学实际之应用[M]//黄天鹏.新闻学名论集.上海:上海联合书店,1929:124.

中国报业"商业色彩大浓，渐失指导舆论之精神，是其病也"①。当然就得返回来，以"精神"为终究追求。再如胡政之也叹息中国报业"近年受了物质文明的熏陶，从营业、设备上，显示着很多的发展，然而精神上倒似乎不无减色"②。这样一来，在"营业"与"精神"两条路线间的反复和抉择，就俨然成为中国报刊的历史主线，孰是孰非，在当时报人看来，也根本不成问题。③

## 二、"精神本位"下的历史图景：以《中国报学史》为例

其实，"营业主义"在当时虽然几近人人喊打，"资本主义"更遭到普遍抨击，但在很大程度上，它们却被相当随意地使用，论者并未就其含义达成清晰共识。④ 本身就是作为"营业本位"的对立面，而被认为应该存在的"精神本位"，也就连带着面目难清。但这恰为它被认同、被诠释，乃至被操作创造了广阔空间。只要对西方报

---

① 戈公振.中国报学史[M].上海：上海书店，1989：373。戈公振在《新闻教育的目的》又强调："只注意职业的养成，不仅是不能使学生得着精神上的知识，而且于他们有害，这种营业色彩不去，理想的记者不会有。"直到1932年，戈公振才在《报业商业化之前途》中认可："也只有报纸的商业化是中国报纸的出路。"但是作为盈利模式的商业化，跟作为根本取向的"营业本位"，还是存在明显差别。

② 胡政之.我的理想中之新闻事业[M]//燕京大学新闻系.新闻学研究.上海：良友出版公司，1932：1.

③ 除前引各家，据笔者对《新闻学研究》（燕大新闻学系编，上海：良友出版公司，1932年）《新闻学论集》（黄天鹏编，上海联合书店，1929年）、《报学月刊》（黄天鹏编，现仅存1929年所出第3期）、《报学季刊》（申时通讯社编，现仅存1935年所出第3、4期）所收录文章的梳理，至少还有吴天生、黄天鹏、汪英宾、邵力子等人明确表达了对"营业本位"或"商业化"的不满。

④ 《东方杂志》第30卷第1号特刊《新年的梦想》（1933年1月1日）刊出142位各界人士的应征来稿，它们曾被郑大华、谭庆辉引用说明在当时的知识界，对社会主义的认同和对资本主义的反感是普遍风气。但所载论说对"资本主义"和"社会主义"的理解，却不尽相同。如郝达夫就产权着眼，"将来的中国，可以没有阶级没有争夺，没有物质上的压迫，人人都没有而且可以不要'私有财产'"。"查士元的描述更加感性化"："未来的中国的政府，是客观的，是没有主观也不受任何思想之反对任何感情之激励。有这样一个健全的社会对资本主义，当然是一个不接受对帝国主义，当然是一个不屈服。"严灵峰则从可能造成的社会结果，来圈定何谓"资本主义"："在最近的将来中国社会内部的生产力——尤其是资本主义经济将在相当时期之内，有若干限度的发展。这种发展必然要依靠外资的加入，至于结果，将使中国更加屈服于帝国主义的铁蹄之下。"仅从以上所列，已能看到他们是将这两个名词当作既有观念，近于默会地使用（具体言论参见该特刊3，5，6，16，21，37页）。

业,甚至是被想象的西方报业,并不全然认同,就可理直气壮地宣称自己是在反对"营业本位"并遵奉"精神本位"。当然也可以此为线索,来书写自己认可的"中国报刊史"。接下来,不妨以《中国报学史》为例,剖析在这样的书写逻辑下,以"中国"为立场的报刊史,是如何成为可能。

（一）区隔中"外"

近代报刊毕竟从域外传入,如不对"外报"进行有效区隔,即便在史实中找到若干亮点,又何以证明它们源自本土。但引入可高度活用的"精神"为叙述框架,就大可通过阐明"外报"对中国社会并无直接助益,从而彰显中国报业如有内在精神,也只是由国人践行。按照戈公振的说法,（外报）"虽然从文化上之全体以视,外报在我国,关于科学上之贡献,当然为吾人所承认;惜以传教为目的,是去一偶像而又立一偶像也。且流弊所及,一部分乃养成许多'boy'式之人材,舍本逐末,为彼辈之走狗,得不偿失,无过于此"。[①] 既然外来宗教并非中国所需,"外报"也就没有多少积极作用。再如蒋国珍认为,教会报刊虽是中国报纸的先驱,但"与现在（1927年）的文化是没有什么关系了"。"今日外商的报纸,却仍占先前的地位",只是因为"今日中国的报纸虽然已有相当的发达,但到底不能与邻国的大报纸分庭抗礼。所以外国文的报纸的生命,在短期间内,恐仍不能销声匿迹罢"[②]。所谓"外国文",其实就是强调只是在中国的领土上而于中国社会并非必需。通过这样的描述,"外报"之于"民报",也就谈不上是示范,自然被排出历史主轴。

其实,除了传播知识,"外报"至少还为中国带来另一变数——率先引入现代化的传播方式,路径示范也正是后发的国人报刊所得的最大益处。基于预设,"外报"必须被整体区隔,这也就只能被一并淡化。回过头来看在《中国报学史》开篇戈公振给出的分析框架,他在自序中认为报刊应是"民意之代表机关"[③],接着,他又在绪论中说"报纸者,报告新闻、揭载评论,定期为公众而刊行者也"[④]。可见,在戈公振看来,前者是报刊存在的理由,后者只是其承载。还是在绪论里,他又揭明报刊史是"用历史的眼光,研究关于报纸自身发达之经过,及其对于社会文化影响之学

---

① 戈公振.中国报学史[M].上海:上海书店,1989:112.

② 蒋国珍.中国新闻发达史[M].上海:世界书局,1927:46.

③ 戈公振.中国报学史[M].上海:上海书店,1989:1.

④ 戈公振.中国报学史[M].上海:上海书店,1989:7.

问也"①。在"及其"两端,侧重显在后者,"自身发达之经过",只是促使影响发生的条件。在这样的架构下,是否"发达",当然以"影响"为首要标准,至于报刊通过怎样的传播手段,覆盖多大的范围等形式来实现这一宗旨,并不重要。就后世所认可的媒介史角度看,如此叙述实有偏向。然而,这正是"中国报刊史"在当时所需。就此而言,戈公振的时段设置诚然极有可能受到秦理斋和汪英宾的影响,但在他那里,分期承载的不仅是时间先后,更是脉络区隔。

(二)构造传承

区隔了"外报",荣辱就得由"民报"独自担当。要证明其中确有经验,就得说明它们至少曾功勋卓著。在这样的尺度下,"民报"在戊戌至辛亥的表现自成首选。在"颠覆清室,宏我汉京"的大事件中,"民报"的确功不可没,当然可被用作"精神本位"的巅峰。② 而且,革命造就的还是亚洲第一共和,拿到全世界去比也不输于人。因此,至少在民国时期,如果着意书写体现"中国"立场的报刊史,势必以此为关键节点。③ 这与《春秋》始于隐公元年,与建国后的新闻史书写对延安时期的看重,道理并无二致。确定了节点,便可从时间上延展,使"精神"俨然自有传承。

"民报勃兴"一章是这样来收尾的:"清初汉学最盛,详于考证,暗于经世。中叶以后,外侮频仍,人民之留心政治者,咸以振兴为事。康有为学于廖平,以通经致用为揭橥,号为维新,风靡一时。然此派实力薄弱,而视天下事太易,故其发为议论也,矞煌光怪而有余;其施于政治也,诚实恳挚而不足。殆清室徒有变法之名,无以慰人民之望,于是种族之学说起,与维新派立于对峙之地位。其纯一目的为排满,其主义以先破坏后建设为唯一之手段,章炳麟实为此派巨子。同时国粹派复取顾亭林、王船山、黄梨洲之坠简遗编而推阐之,其说乃益有根据。清廷之秉政者,既无悔祸之心,又复显满汉之界限,以激发人民种族之痛苦。卒之此说易入汉人之心,直截了当,终睹辛亥之成功。综之,自报章之文体行,遇事畅言,意无不尽。因印刷之进化,而传布愈易,因批评之风开,而真理乃愈见,所谓自由平等博爱之学说,

---

① 戈公振.中国报学史[M].上海:上海书店,1989:2.

② 戈公振.中国报学史[M].上海:上海书店,1989:179.梁启超在《鄙人对于言论界之过去及将来》(1912年)中也认为:"去秋武汉起义,不数月而国体丕变,成功之速,殆为中外古今所未有……问其何以能如是?则报馆鼓吹之功最高,此天下公言也。"

③ 除前引戈、郭、蒋所著,具体情况还可参见张静庐的《中国的新闻纸》、胡道静的《上海新闻事业之史的发展》以及任白涛的《综合新闻学》对"随军记者"的论述。

乃一一输入我国,而国人乃知有所谓自由、博爱、平等,故能于十余年间,颠覆清室,宏我汉京,文学之盛衰,系乎国运之隆替,不其然欤。"①

以今日眼光乍看过去,这段文字相当费解,还不只是用语古奥,更重要的是将"民报"在清末的表现诠释为深受朴学影响,与现下的解读范式相差太大。然而,如果不为这个当然的巅峰寻到可敬的渊源,又怎能构造出光荣而完整的"中国"报刊史。而且,"因印刷之进化,而传布愈易"这一事实,却又是再如何淡化,都无法完全摒除。为了"中国"的纯粹,就必须(其实也只能)着重渲染报人的"精神"构成。恰恰清末报人,尤其政论报人,多于本国学术师承有法,将他们的报人作为和其学人身份之间勾连因果,至少也难以被证伪。这样一来,戈公振还果真自洽地为中国报刊"寻出"了不仅光辉而且悠长的"精神本位"。

(三)勾连当下

被构造的当年,自然会被用来勾连和观照当下。在铺陈了"民报勃兴"及其成因后,戈公振对"民初以来"的状况就很有理由痛心疾首:"舍一部分杂志外,其精神远逊于清末。盖有为之记者,非进而为官,即退而为产业所化。故政治革命迄未成功,国家窳败日益加甚。"②何以有此退步,戈公振认为原因在于清末民初"一为报纸以捐款而创办,非为谋利为目的;一为报纸有鲜明之主张,能聚精会神以赴之。斯二者,乃报纸之正轨,而今日所不多见者也"③。探讨至此,已不难看出,既然清末民初被认定为"民报"巅峰,其他时段与之相比,早已高下预判。其实是已认定了"正轨"和"退步","斯二者"的差异才被提炼出来作为兴衰之据。从逻辑上看,当然是因果归因。但在已相当具体的"当年"景象中,本国确实出现过"报纸之正规",而且还源自本国学术正统。那么,当下的报人又有什么理由不因耻生勇,回归到这个完全"中国"的"精神本位"? 实际上,在戈公振的描述中,报人们也正在这样做。所以在"欧战"以后,"报界思想之进步"成就了"内则有所谓废督裁兵之主张,对外则有所谓废除不平等条约之论调","苟循斯途以进行,则去中华民族自决之期不远矣"④。到此为止,一个既找出中国的特殊,其特殊又弥足珍贵的,而且这种特殊也开始被重视的,既具象又完整的中国报刊史图景,的确得到很自洽的书写。

---

①③ 戈公振.中国报学史[M].上海:上海书店,1989:179.

② 戈公振.中国报学史[M].上海:上海书店,1989:199.

④ 戈公振.中国报学史[M].上海:上海书店,1989:373.

当然，在 20 世纪的二三十年代，着意审视中国报刊史的，并非戈公振一人。构造出来的图景也不尽相同，除开或是全景，或是片段，最大的差别，莫过于对"当下"与"当年"的品评高下。除前引胡政之，当时和戈公振看法相仿的，还有戴季陶、张季鸾、林仲易等人。① 成舍我、汪英宾、蒋国珍等人却认为报业在近年大有进步。既然斯时报人都是出于对"营业本位"的抵触以及对西方的失望，要去寻找"中国"的"精神本位"。何以相同的动机与逻辑，会导出不同结果？全然归结到两类人物行辈、经历的差别似乎过于简单。

同类之中，成舍我对"当下"的表述最具说服力："民国初年的报纸，即如号称报纸最发达的上海，那时的销数，占第一位的报馆，也最多不过销两三万，现在则最多已有到十四五万份一天的了。那时报纸的新闻，异常陈腐，尤以本埠新闻最腐败，一切消息，均凭所谓跑马路的访员，拉杂撰写，用复写纸一字不改，分投数报。现在则本埠新闻，竞争最烈，每一报馆辄有外勤十余人，一事发生，立时出动……极觉到最近几十年来，中国报纸，确已有很大的进步……为什么百年前的报纸，那样衰败，现今的报纸，却如此发达？这个答案极简单，就是由于科学进步的结果。有了轮转机，从前一小时印报不到一千份，现在用许多机器合并起来，一小时可以印好几百万……从前没有火车，轮船，更没有飞机，报纸发行，异常困难，现在这种困难自然也一律消灭了。这就是科学发达影响报纸的实例。欧美如此，中国科学发达的速度，虽远不及欧美，然此种倾向，实在也异常明显。"② 所谓"最近几十年"，当然就已涵盖了戈公振极其推崇的"清末"。很明显，他是将新闻的生产和传播绩效作为衡量标准。在这样的观察角度下，"当下"自然胜于"当年"。成舍我还对此做出了解释，由此推论，不管报刊报人是否有意干预社会，自身发展就足以增大他们的社会影响。

---

① 戴季陶的看法是"中国新闻事业，已有数十年历史，弄得一团糟，无进步"（出处见前引《新闻学之实际运用》）。张季鸾在《诸君为什么想做新闻记者》中，是这样讲的："因为眼看中国报界，只有犹太式但求赚钱冰凉冰凉的报才能发达，又因为中国一般统治者，太漠视报业，一面一部分，报界的人又往往实在有受人轻蔑之理由，为出这一口闷气，所以我和吴前溪胡政之君等几个人，又在天津办了这几年报，现在还办着。至于救世济人，万分说不上了。"从日本返国的林仲易，看法也较为类似"我们现在可以下个批评，这几年报纸比起从前，形式上，技术上，乃至种种物质方面，都可以说有进步，而精神上大不如前"（林仲易.谈谈几个改良报业的实际问题[M]//燕京大学新闻系.新闻学研究.上海：良友出版公司，1932:5）。

② 成舍我.中国报纸之将来[M]//燕京大学新闻学.新闻学研究.上海：良友出版公司，1932:2—3.

其实成舍我侧重的,也正是戈公振所淡化的。正因为构造出不同图景,以他们为代表的两组人,对"将来"的规划也存在差异。戈公振更强调报人内在精神的提升,要"做人民的代表","看着国家的利益,比个人或一个团体的利益还重要"。①成舍我却认定所有权才是根本,主张"未来的中国报纸,他应该受民众和读者的控制。他的主权,应该为全体工作人员,无论知识劳动或筋肉劳动者,所共有"②。在很大程度上,这些具体差异正源自预设相同。如前所论,"营业本位"和相对应的"精神本位"本身内涵模糊,因此恰可兼容不尽相同的诠释,考察结果存在差异自在情理之中。其实,放在今日学理下看,综合戈公振和成舍我的见解,也确能较为全面地抑制"营业本位"这个虽说认知含糊,却确实存在之物。从这个意义上讲,在20世纪的二三十年代,不同人物基于"中国"立场,对"中国报刊史"的审视和构造,恰如盲人摸象,虽各有其偏却确有所获,拼合起来也几近完整。

从更宏观的层次看,在此时,认定"中国"的特殊,又往往与承认学理的普适并行不悖。即如戈公振,也在1929年承认:"据我所观察,世界报纸进化的趋势,综括起来,大约分为三种,第一是平民化,第二是专门化,第三是合作化,这皆是于我国报纸改良上很可取法的。"③与之恰成对应,萨空了虽说坚信"中国是世界的一环,又是一个没落的国家。报纸在中国又是一个后起的事业,报纸在中国的发展,多半是向世界各国学习而展开,自不会不同于世界报纸发展的规律",却也得借助对历史的梳理,来应证自身框架在中国情境下的合理性。④纵观此后国人的新闻学论著,几乎都是兼顾"中国"与"新闻学"这两个维度,只不过轻重处理有所不同。就此而言,"中国报刊史"为"中国新闻学"带来的既是知识的扩展,更是立场的深化。

如果再与前后数年其余的对"中国报刊史"的书写相比较,还能看出戈公振在

---

① 戈公振.新闻教育的目的[M]//戈公振.新闻学撮要.上海:上海新闻记者联合会,1929年:附录14.

② 成舍我.中国报纸之将来[M]//燕京大学新闻学.新闻学研究.上海:良友出版公司,1932:9.

③ 戈公振.世界报纸的三大趋势[M]//戈公振.新闻学撮要.上海:上海新闻记者联合会,1929年:附录1.

④ 萨空了.科学的新闻学概论[M].香港:文化供应社,1946:34.再如任白涛非常强调,自己是要写"具有组织的体系的综合新闻学"(任白涛.综合新闻学 第1册[M].上海:上海书店,1991:3.)。为了彰显其社会科学的面向,并未就任何国家的新闻业做专门描述。但是在各个论述部分中,还是大量引用中国报刊的史实作为支撑。

作为立场的"本国"和作为载体的"报刊"之间也尽量在求得分寸上的平衡。而其他的作者，通常在其间寄托了极为明显的偏向，为了与自身的偏向相调适，在叙事的起点、脉络和节点上也就不尽相同。在笔者有限的阅读范围内，对"本国"报刊的自成脉络最为强调的首推郭步陶所著的《本国新闻事业》(1933)。在郭步陶看来，活字印刷术的出现早晚，就是判别中外报刊问世先后的充分依据，"这是中国新闻事业所用的工具和努力发明的成绩，经几千年的顺序，逐渐前进，始能日趋于近代式的真凭实据……绝不是外国传教士来到中国，我们才有新闻事业的工具，也决不是外国人在中国办了报，我们才努力新闻事业的工作。我们研究新闻事业的人，应该认识清楚，莫要方才开端，就'数典而忘祖'"①。

且不论中国传统的活字印刷与谷登堡发明的西式印刷术，在基本原理上就存在显著的差异，既然郭步陶自认为已经提纲挈领，只要按照他所界定的标准，"新闻事业非个人事业，非经商事业，非御用事业，乃为社会服务的事业，乃一般事业的导师，乃一切事业的缩影"，就大可汪洋恣肆地来为"中国报刊史"展拓上限和范围，根本无须考虑被纳入的对象是否具有近代报刊的外在形式。② 因此，《本国新闻事业》对"官府的新闻事业"和"民众的新闻事业"都界定得格外宽泛。在郭步陶看来，"如唐虞时明良喜起的歌，虞夏时的八伯卿云和歌，都是帝制时代君臣相互警戒，或劝勉的词……至于击壤歌、康衢谣等，虽是民间歌谣，却都是做君主的自己到乡间所听得来的，可以说是官报中采访的第一次创行了"③。再经过以采访和史官为载体的"胚胎期"和出现笔墨纸等书写工具的秦汉，到了雕版新闻出现的唐代(郭步陶认为"开元杂报"是雕版印制)，所谓"官府的新闻事业"自然就进入鼎盛期。与之对应，本国的"民众的新闻事业"，也被郭步陶溯源到上古的歌谣，"一个国家的传授君位，关系何等重大，而操其取舍大权的，却在民众的讴歌。要拿近代的事来比方，岂不是和从前英伦内阁政策，常视泰晤士报社论的主张而转移，有些相仿吗"④？《京报》的出现，自然则标志着"民众的新闻事业"也"渐次兴盛"。既然在郭步陶的叙事中，国人自办的报纸始终是主流，那么即便"同光以前，外人在中国，已经办了不少中文的报纸，在里面办事的，也多有中国人"，却也"只能认它是外人侵略中国的工具，决不能认它是中国民众的报纸"，"对内"的宽泛和"对外"的严格恰成

---

① 郭步陶.本国新闻事业[M].上海：上海市私立申报新闻函授学校讲义,1933:31.

② 郭步陶.本国新闻事业[M].上海：上海市私立申报新闻函授学校讲义,1933:14.

③ 郭步陶.本国新闻事业[M].上海：上海市私立申报新闻函授学校讲义,1933:26.

④ 郭步陶.本国新闻事业[M].上海：上海市私立申报新闻函授学校讲义,1933:41.

对比。①

　　上述考察,大致呈现了"中国报刊史"成为一时之学的经过。顺着此番思考,也就不难理解为何此后它又几经盛衰。实际上,这也正体现了彼时的学人、学界,乃至国人,在多大程度上以"中国特殊"为当然的预设,或许这也是透视中国新闻学,以至各种"中国"学术面目源流的一个可行角度吧。

---

①　郭步陶.本国新闻事业[M].上海:上海市私立申报新闻函授学校讲义,1933:51.

第三章

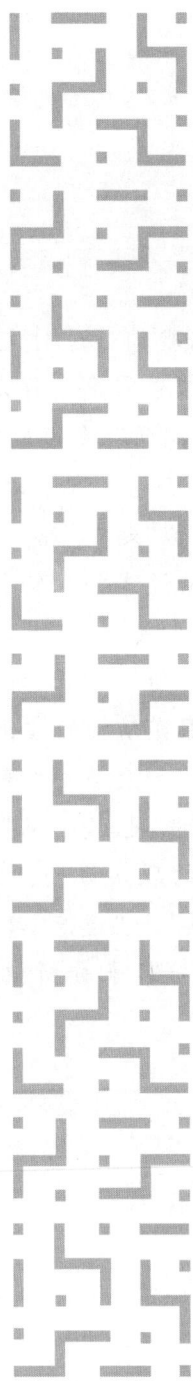

作为复数的『中国新闻学』（下）

——被遗忘的『另类』

在上一章里，我们通过对文本的细读，爬梳了几位后世公认的"经典"专家是怎样以对"吾国报业"的认知来展开各自的"新闻学"，角度的差异又是如何影响构造的结果。其实，仅在笔者有限的阅读范围内，还有很多研究者，也沿着类似"超越"路径，来阐述着他们自己的"中国新闻学"。虽说这些人物和著述未被后来的新闻学科经典化，但如果要对"中国新闻学"的发生和演进进行机理探究，而非"传奇"式的咏唱，还真必须对它们有所观照。这和要探究动物的演化过程，就不能忽略已经消失的十多个"门"和众多的"纲"其实是一个道理。而且从某种程度上讲，也必须从"经典化"的取舍中，才更能看到"学科"的现实规则。在这些"另类"中，任白涛又是介于"经典"与"遗忘"之间的中间个案，因此，本章将用单独的一节来分析他作为"新闻学人"的际遇与成因。

# 第一节　宛委别藏：经典之外的早期新闻学

如前所述，从《新闻学》问世，到全面抗战爆发，国人自著的新闻学著述为数不少。它们或出自近代学术史乃至整个近代史上很有分量的人物，或既在学理上自成脉络，更在"新闻学"以外的学科上有所根本。当然，在"学人"和"学科"之间，本来就是相互成就，在学术体制既有连绵更呈剧变的近代中国，就更是如此。因此，这两种类型势必存在很大程度的重合，笔者就不强作区分。

嘉庆年间，阮元主政浙江，收集到《四库全书》未录书籍一百七十多种。他依照四库馆的成例，为它们撰写提要并上呈御览，被嘉庆帝赐名"宛委别藏"。笔者在此借用这个典故寓明将提到的著述从未进入新闻学的"经典"范围。

## 一、背书"训政"：国民党人的报业观

近年来，中国国民党常被描述为弱势政党，若与苏共、中共相比，这样的评判当然恰当。但至晚从 1914 年开始，它就将"以党领政"明确设定为建立全新国家的必经阶段。按照孙中山的解释，所谓"训政"是"一省完全底定之日"开始，在各省陆续开展，到宪法颁布，产生完全由选举产生的政府为止。[①] 在此期间，以"国民政府"为施政管道，国民党对国家和社会的所有事务都有"指导"的权力和责任。而在他那里，这样的制度设计是基于坚信"本党的主义的确是适合中国国情，顺应世界潮流，建设新国家的一个最完全的主义"。[②] 因此，还在成为全国的执政党之前，国民党人便以这样自居的"道义优势"来观察和评判中国的报业。

这在 1925 年 8 月国民党中央执行委员叶楚伧的《为国民党请愿于言论界》一文中就可见端倪。该文开篇就痛诉冤屈，"新闻记者之惟一道德为忠实，已所善者赞助之可也，已所不善者诘难驳斥之亦可也。然所赞助与驳斥，必根据于事实，就

----

① 孙中山.在广州中国国民党恳亲大会的演说[M]//孙中山全集：卷八.北京：中华书局，1986：282.

② 孙中山.在广州中国国民党恳亲大会的演说[M]//孙中山全集：卷八.北京：中华书局，1986：284.

同一事实而批评之可也。造作事实以中伤之侮蔑之不可也。因传闻偶然之语，错载于前，纠正于后可也。明知其误而更利用其误不可也。虽然，吾于新闻界则竟不幸而屡见所谓不可者矣，且其于国民党为尤甚，苟举其例，指不胜屈，远之如去年诬国民党三月四日实行共产之谣，如孙先生在广州猝死之谣，近之如国民党欲攫取东大之谣，如许济棠蒋中正拔枪互击之谣，诸如此类，吾虽不敢决曰执此以批评国民党之人，即凭空造谣之人，而其动因之卑劣，决非忠实者所应有，则可断言也"①。

乍看上去，这篇文章语气并不凌厉，所举出的报道也的确不实。但若读得仔细一些，不难发现叶楚伧并未说清楚这样的"不可"为何是"其于国民党为尤甚"？其实，即便"三月四日实行共产""孙先生在广州猝死""国民党欲攫取东大""许济棠蒋中正拔枪互击"都是谣言，但仅止于此，也不足以证明国民党在"言论界"遭到了格外的不公待遇。实际上，叶楚伧接下来也并非举出事实来驳斥谣言，而是诉诸"吾党"的崇高和无私："孙中山平生最伟大之人格与遗留于其党员之最伟大之教训，为公而忘私，为身成仁"，"不特孙先生为然，数十年中，革命之军十数作，其间奋不顾身断头绝颈之先烈，有为素封之子，有为阀阅之胄，若复为已，则富贵安乐，俯拾可得，又何为乎犯大难历大险以杀其身哉"②。基于这样的宏大叙事，叶楚伧很理直气壮地提出"是故国民党之所为，无论其在何地何时，中心一意义，所不敢须臾者，利他也，非以利己也"，而且在他看来，这还"非余一人之言"，而是"事实尽已昭然揭示于国中矣"。③沿着这个诠释框架，既然国民党是如此伟大，"言论界"对有关它的任何不利说法，也就该直接嗤之以鼻，甚至根本用不着去对比分辨。就此而言，叶楚伧诚然是在向"言论界"请命，但诉求的内容绝不是一视同仁，而是要他们认可国民党具有绝对的正当。

比起叶楚伧的"请愿"，1928年，某笔名"陆舍农"的"吾党同志"所撰的《训政时期之新闻编辑方针》更俨然真理在手。他开篇就断言："中国国民党'以党治国'的口号，所以异于苏俄共产国际的阶级独裁和慕沙里尼统治下的西斯底专政的地方，就是它的精神与目的，纯以民主主义为最高原则，把政权完全交给全体国民为终极的归宿，和一个阶级或是一个政党想永远独占政治利益的变相的君主专制不同。不过同时又感觉到欧洲待以政治的弱点，已尽形暴露了，人们绝没有再跟着人家的覆辙去自找绝路之理，所以首创中国国民党的总理，便运用他的杰出的智慧，体察

---

①②③　叶楚伧.为国民党请愿于言论[J].国闻周报，1925，2(29)：18－19.

国情,迎合世界潮流而独创一个科学的党治制度"。①

在原文中,"总理"之前空了两格,与明清官文中对御名的处理完全相同。既然对"总理遗教"如此尊奉,接下来在谈到在"训政"时期全国报纸该如何做的时候,陆舍农也就理直气壮提出,在党部"达到训练民众的目的"过程中,"新闻界(当然党报也包括在内)至少要负起一半的责任"②。当然,这个"一半"完全处在从属地位。新闻界怎样才能"从速确立合乎训政原则的编辑方针"这一问题,在他那里,答案也是不言而喻,"简单地讲:就是要新闻纸恢复它固有关乎政治的社会的指导功能,并且善意地运用这个功能。"③

如果要进行技术上的探讨,接下来当然该讲清楚要以什么时代作为"恢复"的模板以及怎样才算得上"善意"。然而,陆舍农马上做出如下结论:"训政时期的新闻编辑方法,就是要很谨慎地把持住左列的两个原则:一,认定新闻纸是负有指导社会的责任,绝不是跟着社会的弱点一同腐化。二,三民主义为指导社会的最高原则,所以新闻的编辑,也是以三民主义为指导的原则。"④单从逻辑的角度看,这些论述之间当然并不连贯。这样来收官,比起这篇文字在此前部分从顾蒲罗云基(gump lovez)的现象界学说到亚里士多德的政治学,旁征博引、洋洋洒洒来讨论"新闻纸的机能",不仅格调不搭,更显得虎头蛇尾。但这正说明,在作者那里,"三民主义"不只是学说,更是信仰。也正因为陆舍农以此为根本真谛,所以他也就很有自信地认定,即便是"资本主义的民治国家"的民众,也会"因为见到吾们的成功,必然也奋起作三民主义的民权要求,贯彻真正的民主的精神"。⑤

对"吾党所宗"这样自信,同样体现在国民党人对"吾国报刊"既往的评判和对未来的期盼。例如戴季陶在 1929 年表示自己"实在看不出上海望平街的文化来啊"之后,马上就追溯昔年"总理"曾"把新闻界同业集中起来,谈谈新闻纸本身职务是什么,记者在社会上负担的是什么义务",然而到了现在,"中国新闻事业,已有数十年历史,弄得一团糟,无进步。但以销数言,至多者亦不过十余万份,较之日本瞠乎其后"。⑥由此可见,在他看来,上海的报纸报格低落,就是未遵照孙中山早就指出的金光大道的结果。也正是基于这样的认知,此时的他坚信"只要新闻纸能够迅速地成功,中国的国家必定能健全地发展"⑦。因此,戴季陶也就很真诚地将"今年夏

---

①②③④⑤　陆舍农.训政时期之新闻编辑方针[J].建国,1928(31—32):84—94.

⑥　戴季陶.新闻学之实际运用[M]//黄天鹏编.新闻学论文集.上海:上海光华书局,1930:124.

⑦　戴季陶.关于新闻事业经营和编辑的所见[M]//黄天鹏编.报学丛刊:第 1 卷.上海:上海光华书局,1930:30.

间写给广州民国日报报社同人书信两封"之中所总结的"二十年来,自己辛苦中得来的经验"拿出来分享。"第一,凡服务于本党及政府之言论机关者,当时时刻刻将'确实谨慎'四字铭诸肺腑,一切记载,必须严守政府之地位,譬如政府之文告法律规程,绝不可有一字之任情任性,则政府言论机关岂有可以不守此义之理";"第二,必须人人确实了解是一个政府官吏(一切编辑员办事员皆然)。政府所办者是人民之事则,报纸所负人民之责,而所谓人民之责任者,乃永远普遍之责任,必定要先将报纸的职务详细了解确实";"第三,此时政府所负之责任,在推行中国国民党所举之主义,所定之方针,所制之纲领";"第四,必须先了解报纸之要素并非在为个人做抑扬,且并非在团体派别做抑扬,政党之报纸,便宜如此,从前吾辈不知此义,报纸之职分,不守滥作辩护攻击,误解宣传以致同志们在社会间之品格信用日就低落,党之品格信用亦随之,此弊不革,党国固受其殃,报纸自身亦不能保其存在,个人之利害更无论矣"①。虽说这两封信是写给广州《民国日报》这家党报的,而且看似只是在谈党报该如何办,但在发表的时候,戴季陶却在引语中强调,这就是"论今日中国报纸应取之方","希望在训政开始期中,全国经营新闻事业的同志同业们很冷静下一番研究"②。也就是说,在他看来,上述四点不只是党报应遵守的党纪,而是全国报业都该皈依的正途。

比起思想颇为庞杂还要顾及考试院长身份的戴季陶,在党内资历和地位远不如他的严慎予把话说得更加直白,"因为'训政'本来含有教育的意义,要把党的主义向民众灌输,向民众解释,当然没有仅仅揭布敌人罪恶的简单而容易",所以他也就很直接地提议"本党""应速确定新闻政策,便全国报纸均受本党之指导,阐扬主义,解释政策"③。

但从另一面来看,在孙中山那里,"以党建国"的"训政"体制,却又只是从"军政"到"宪政"的中间阶段。从这个意义上讲,它在当下的正当恰恰就来自从长远来看的权宜。因此,"训政"既可以是"吾党同志"的依托,也未尝不能被他人用来以子之矛攻子之盾,譬如萨空了在《科学的新闻学概论》中就采用了这种策略,"至迟抗

①　戴季陶.关于新闻事业经营和编辑的所见[M]//黄天鹏编.报学丛刊:第1卷.上海:上海光华书局,1930:34.

②　戴季陶.关于新闻事业经营和编辑的所见[M]//黄天鹏编.报学丛刊:第1卷.上海:上海光华书局,1930:30.

③　严慎予.党应确立新闻政策[M]//黄天鹏.报学丛刊.第1卷第2期,上海:上海光华书局,1930:78.

战胜利一年之后,宪政时期即可到来,而民众之言论自由即可充分获得。尤其孙中山先生的最终政治理想为'天下为公'的'大同社会',是以中国报纸的做到不违反其最初的良好传统使命,似非难事"。① 由此可见,如果要在意识形态的框架内,构造"新闻学"乃至别的社会学说,是否能做到闭合且自洽,与这种意识形态本身的严整程度实在关系密切。

## 二、基于本行:"外行"学者的新闻学观

事不孤起,必有其邻。在"新闻学"被国人接纳并衍生出"中国新闻学"的同时,诸多的社会学科也在中国扎下根基。既然这些学科大多致力于探索现代的国家和社会是如何可能的,又应该如何运转,在 20 世纪初形成类似今日的路径与方法,作为现代社会的重要关系类型,"新闻""新闻业"当然会被它们或多或少地有所涉及。这样的研究兴趣,在中国学者那里自然也会发生。况且正如此前的分析,"中国新闻学"在当时并无公认的研究范式和表述语言,从别的学科背景看过来也未必就是越界。而在 20 世纪二三十年代,此类表述也确实层出不穷。即便暂且搁下其中的只言片语和应景之谈,单就那些的确想为"新闻学"别开生面的论著而言,这样以"本行"为立场的观照,究竟产生了怎样的结果? 接下来,笔者将就自己有限的阅读范围,对此略作剖析。

(一)洪业的"新闻学观":"历史学观"的投射

1935 年前后,时任燕京大学历史学系教授的洪业在题为"一个学历史的人对于新闻学的观念"的演讲中,提出"新闻学似乎可分为两部分。一是科学的部分,一是营业的部分"②。"科学的新闻学","其功用也就等于史学"③。乍看上去,这很像是场面话,但只要稍了解洪业对"史学"的界定,便不难把握其中深意。在洪业看来,"史学"与"历史"区隔鲜明,所谓"历史"可分为三类:"一套事情的经过,是生的历史。有观察这套事情的人,以文字把牠记载起来,这是熟的历史。再有人把熟的

---

①　萨空了.科学的新闻学概论[M].香港:文化供应社,1946:35.

②　洪业.一个学历史的人对于新闻学的观念[M]//燕京大学新闻学系.新闻学概观.北京:燕京大学新闻学系印行,1935:22.

③　洪业.一个学历史的人对于新闻学的观念[M]//燕京大学新闻学系.新闻学概观.北京:燕京大学新闻学系印行,1935:23.

历史,明抄或是暗偷,重新删改排比,或重新考究解释,其结果就是烂的历史。"①这里的"烂",自当理解为"烂熟"。与之相应,所谓"史学",所要处理的并非是客观存在的事实,而是已经成文的记录,要通过对比,寻求让"熟的历史都熟得成分多,烂的历史都烂得状况好"的有效路径。②用洪业的原话说,就是"把各种熟的历史,烂的历史,汇合起来,从中研究其彼此之关系,推测当初生的历史之状态从而观察记载和解释之所有种种失实及失当的可能,从而设立标准、规则、方法,以为新的记载或传抄或编辑或解释的指导"。③由此可见,在洪业那里,"历史"与"史学"之间不仅存在分工对象的差异,更有严格的逻辑顺序。没有"历史"作为质料,"史学"自然无从谈起,但反过来看,如果不在方法上提炼出"史学",也就无法改进"历史"的品质。

因此,洪业的这番观照,其实是以作为知识形态的"新闻学",而非在具体的社会关系中所展开的"新闻"现象,为对象。他所说的"也就等于",是指"科学的部分"之于"新闻学",与"史学"之于"历史学",这两对关系应当在逻辑构造上相同。正如"史学"之如"历史","科学的新闻学"应当以"营业的部分"所产生的报道文本为依据,在比较中推测和总结衡量报道成败的标准、规则和方法。这样才能将"各种熟的新闻,再经过检查,删改,标题示意,综合立论,广布传印就成烂的新闻,有烂得好的,有烂得坏的。这也等于有烂得好的或烂得坏的历史。应当有如何的标准、规则、方法,去报告、编辑,可使所广布传印的,为最得其实,最得其当"。④就此而言,洪业对"新闻学"的期待,其实仅限于在"新闻学"中,应该有这个"科学的"部分,至于"科学的新闻学"与"营业的新闻学"分别该是什么,其实并不在他关注的范围内。从这个意义上讲,洪业对"新闻学"应该沿着怎样的逻辑展开,又当包含哪些具体的知识都抱有相当的谨慎与谦虚,绝不至于要破门而入,把自家的东西劈头盖脸地倾倒进来。

深究下去,洪业对"新闻学"的期待与态度,又投射着他对"历史学"这个本行的认识与反思。在中国,"历史"的写作传统诚然悠久,历代名家对如何"著史"也早就积累了丰厚的操作经验,但将"史料"与"史观"做自觉的分离,认定"史学"必须在逻

---

①②③　洪业.一个学历史的人对于新闻学的观念[M]//燕京大学新闻学系.新闻学概观.北京:燕京大学新闻学系印行,1935:22.

④　洪业.一个学历史的人对于新闻学的观念[M]//燕京大学新闻学系.新闻学概观.北京:燕京大学新闻学系,1935:23.

辑上自洽，却是国人经受过纯粹的形式（form）训练后的事情。从时间上来看，固然相当晚近，而就思考的样式而言，就更是近代化的产物。虽说在后世学人，甚至他的受业弟子那里，洪业往往被认为以传统的考据见长。① 但在他与傅斯年这个世代的历史学者那里，对"史学"的自觉，以及不再将著史完全看成对微言大义的阐发，却正是他们与朴学中人的根本差异。

洪业还曾试图在重"描写"（describe）的"科学"和重"诠释"（interpret）的"哲学"为两极的近代学术谱系中，为历史学寻求位置。在他看来，"历史的方法，正有两部分，其一部分，检索（historyical research），完全是科学；另一部分，通解（interpretation of history），又名历史哲学（philosophy of history），完全是哲学"②。当然，这样的做法既是以近代学术为框架，又要将历史学的既成面目嵌入其中，细究起来的确有些牵强。但对自家的"本行"都抱有高度的反思，在谈及别的学科门类时自然会更加谨慎。其实何止历史学，面对着现代社会的复杂演化，近现代的哪门学科又不是在持续地遭遇学科的"危机"？

其实真要追到各自的终极预设，哪门学科的路径与方法，又当真具有不可置疑的正当？固然它们的家底大多比"新闻学"要更为厚实，但这往往也是反思和重构中的负累。但从另一面来看，尽可能判分方法和对象，在内部形成层次和领域的分工，却又是近代学术的共同特征。这样一来，倘若如洪业那样，暂且搁下具体的知识和路径，专注于"新闻学"在形态上的构造，这样的姿态当然看似旁观，但所把握住的恰恰是彼此作为"学科"的相通之处。

（二）陶孟和的报刊功能观：以"利益"为中心

当然，学科虽有分野，"社会"却是一体。如果要在自家的侧重下，把"新闻""报刊"纳为所要考虑的变量，或是作为观照的对象，其实也无不可。只要当真把自身的标尺一以贯之，所得的"新闻"图像，虽说未必周全，却未必不能别有洞见。

陶孟和的研判便是一例，他在 1934 年发表的《关于中国的新闻纸》中就建议中国的报纸首先要改进社论，其次增加专家撰述，再次还要改进新闻采访。这样的排序，当然和新闻学者的通常观点不甚一致，却反映了，在陶孟和那里，这三类文章之

---

① 弟子们对洪业学风的叙述，可参见翁独健、王钟翰为《洪业论学集》所作的序。当然，在写作该文的 1980 年，洪业和傅斯年这代学人的史学观还不是那么方便被提及。

② 洪业.历史在近代学术之位置［M］//洪业.洪业论学集.北京：中华书局，1981：94.

于社会的分量轻重。陶孟和所以把社论看得最重，是因为在他看来，它们是"利益"的直接体现。用他自己的话来说，"（社论）代表一党的，一派的，一阶级的或报馆所有权者的利益，或立于某种更高的见解，如全民族，国际和平等等，代表大的社会的利益"①。

虽说在中国的传统观念中，"利益"，特别是个别群体的利益，从来都无充分的正当性，但在陶孟和看来，这恰恰就是社会得以存在的关键。还在1925年，他就在《利益与联合》一文中揭出："社会是一种共同生活，共同生活之所以成立，就是因为人类有共同的利益。人的相互的关系，可以说是由共同的利益联系者。利益本来就没有绝对的为己的，利益在性质上本来就是共同的，如家族、都会、国家的幸福，实在是共同的利益，不过他的范围有宽窄的不同罢了。"②

既然在陶孟和对社会的整体构想中，"利益"是勾联个体，使得"社会"成为可能的基本纽带，那对它就必须有足够的正视。而且，既然所谓"更高"只是意味着涉及的人群更广，那么在不同的"利益"之间，也就并不存在先天的尊卑高下，而应该被纳入同一个计算和衡量的序列。在这样的尺度下，"完全以营业为目的""代表一个政党或是一种产业""政府的言论机关"的三类"新闻纸"，虽说维护的对象有差，但都大可公开承认自己的偏向。也正是因为认定"利益"既客观存在，更毋庸讳言，陶孟和才在1935年发表的《中国新闻纸之前途》中坦率地揭出，没有实际的利益的力量做后盾，报纸是否能"发生极大的影响"，本身就存在疑问，"一管笔之力胜过一把刀，必须那管笔能够代表某种实际利益的时候"③。诚如前述，中国的新闻学从一开始，就在价值和取向上对"营业主义"抱有反感。陶孟和的这番话，在前提与逻辑上，自然都与其中主流看似格格不入，但可能更近于现实的情境。

当然，不管在方法和尺度上多么近于功利主义（utilitarian），每位学人都难以解构自身的偏向。完全以利益为考量的尺度，只要能够达到群体利益的最大化，采用怎样的国家治理和言论管理方式，其实也无不可。但陶孟和却又深受"费边社"的影响，在1949年之前始终坚信只有"民治"、自由和渐进的改良才是实现平等正义的最佳路径，这自然影响他对报刊的评判。也是在1925年，他还在《言论自由》一文中提出："止谤莫如自修，不特是普通个人伦理上的格言，实在也是政治伦理上

---

① 陶孟和.关于中国的新闻纸[J].国闻周报,1934,11(14):1—5.

② 陶孟和.利益与联合[J].国立北京大学社会科学季刊,1923,2(1):13—24.

③ 陶孟和.中国报纸之前途[M]//燕京大学新闻学系.新闻学概观.北京:燕京大学新闻学系,1935:6.

必需遵守的定则。"①也就难怪,在他看来,哪怕是要为政府做言论机关,新闻纸也必须促成"政府采纳自由主义、民治主义的精神",才算是"新闻纸要想忠实的尽他的固有的职能"。②其实,但凡在分析中用到"固有"这样的词汇,其实表明叙述者正在"可信"和"可爱"中摇摆。不过,如果当真没有此类逻辑上的"软肋","社会科学"又何必要冠以"社会"二字呢?

(三)孙怀仁的"社会机能"说:对古典社会学的简单搬用

当然,无论是要对"本行"的基点确有反思,还是把它的路径和宗旨运用纯熟,都得对"本门"的家数深有洞察。但越是未得其中三昧,反而越可能对"本行"奉若神明,进而对此外的学科、方向、路数抱有由衷的悲悯,甚至可能还会尽自己所能,去拯救那些不明"真理"的同行中人。与洪业对史学的精纯和陶孟和对"民治"的虔诚恰成对比,孙怀仁所著的《新闻学概论》正好可以作为案例,来让我们体会下在对自认的"本行"都修为欠厚的情况下,还要来重写"新闻学",结果会如何的生硬和滞碍。

1934年,申报馆创立新闻函授学校,所印讲义的第一种即为孙怀仁所著《新闻学概论》。孙怀仁时任《申报年鉴》经济部主编,他在早稻田求学期间,研习的是政治经济学。在当时的日本学界,占主流的是试图对整个社会过程进行总体研判,因此在政治经济学、社会学和哲学之间并无明显区隔的德国古典学风。带着这样的学术师承回望过去,不管自己修为如何,原有的"新闻学"自然显得涵盖狭窄、逻辑散漫,也就难怪《新闻学概论》一开头就断言新闻学还是"未成之科学",要搬用已有的知识储备来重构其框架和脉络。③

基于自身的学科倾向,孙怀仁为"新闻学"给出的定义是"新闻学是以社会中的新闻现象为研究对象之科学,所谓新闻现象,就是指新闻记者记述编辑社会的新闻"④。单从字面上看,似乎与此前的几部"经典"论著并无多少差别,但在指向上却大有分别。徐宝璜等人将"社会"视作"新闻"得以展开的既有存在,孙怀仁却侧重于呈现"新闻"之于"社会"的功用。因此,在孙怀仁看来,要研究新闻本质的社会机能,就必须"关心新闻生产过程、消费过程及新闻广告之因果关系的法则"⑤。基于这一考察目的,"新闻本质之研究""新闻之史的发展之研究""言论出版自由之研

①② 陶孟和.言论自由[J].现代评论,1925(19):4-7.
③ 孙怀仁.申报新闻函授学校讲义(一):新闻学概论[M].上海:申报馆,1934:1.
④ 孙怀仁.申报新闻函授学校讲义(一):新闻学概论[M].上海:申报馆,1934:5.
⑤ 孙怀仁.申报新闻函授学校讲义(一):新闻学概论[M].上海:申报馆,1934:10.

究""新闻生产过程之研究""新闻消费过程之研究""新闻广告之研究"也就缺一不可。①实际上,在这样的视野下,"新闻"只是因为能作为耦合"社会"(尤其是经济意义上的"社会")的纽带,才具有考察的价值。因此,这部《新闻学概论》的理论部分谈及"新闻现象"时,几乎处处要对它们进行社会学意义的诠释。譬如提及新闻有助于补充"大众知识的缺陷"时,孙怀仁这样阐释其必要性,"假若人与人间没有理解,不能相互补助知识的缺陷时,就不容易起精神的相互作用,结果社会的结合统一就困难了,为补救这个起见,新闻就有其特殊的重要性了……新闻读者们读了这些报告,就可以增加相互的理解,补救知识的缺陷,而结果得以助成社会的结合与同意,同时推动社会向前途迈进"②。沿着这样的思路,这种"新闻藉读者之智能与精神所及于社会的机能",自然就是"新闻学最重要的研究对象"。③

所以,在接下来的部分,孙怀仁尽可能地运用自己的知识储备,对"新闻之广泛而复杂的机能"展开详尽的论述,也正是因为这个缘故,他认为"新闻"不只是为"报告机关"或"指导机关",而是整个社会的"心的交通机关"④。且不论这样从"社会"来观照"新闻"的路径,是否比就"新闻"来谈"新闻"视野广阔,如果不先说清楚"社会"是怎样的,又怎能把"心的交通机关"阐发分明?既然新闻业的兴起远远晚于"社会"的出现(例如孙怀仁自己就承认,新闻业在18世纪以前是非常的幼稚),怎样才能证明这种"心的交通机关"之于"社会"的必要? 就此而言,这个论断乍看上去相当高明,要诠释周全却相当困难。

孙怀仁从两个方面来加以论证。首先,他试图通过对"社会"的类型化来让这个问题更易操作。具体而言,就是引入"利益社会"和"共同社会"这对概念。在他看来,"从利益社会所发行的新闻,是以自己所属利益社会的观念等为基础,而企图保全维持利益社会成员间相互理解作用的",而"由共同社会发行的新闻杂志小册子等,就可以说是共同社会维持成员相互理解作用之心的交通机关……今日的出版物中,除前述利益社会发行的新闻杂志小册子等外,就都是这种共同社会之心的交通机关"⑤。这样一来,似乎也能解释新闻业为何要首先重视公益和公德。其次,他还从技术进步的角度展现新闻业的发展历程,"其后经过印刷术的发明,与蒸汽机的发明,这个心的交通就起了一个巨大的革命。换言之,前者是藉印刷物开辟

---

① 孙怀仁.申报新闻函授学校讲义(一):新闻学概论[M].上海:申报馆,1934:10.

②③ 孙怀仁.申报新闻校讲义(一):新闻学概论[M].上海:申报馆,1934:6.

④ 孙怀仁.申报新闻函授学校讲义(一):新闻学概论[M].上海:申报馆,1934:13.

⑤ 孙怀仁.申报新闻函授学校讲义(一):新闻学概论[M].上海:申报馆,1934:17.

了多数成员之心的交通路径,后者是藉汽车汽船等运输机关,使多数移动式敏捷容易了。而相互间的接触机会也因此加多。此后电气的发明,再进入二十世纪无线电电话的发明时代,另一方面,飞机飞船等更开辟了空中的交通,到目前这个心的交通机关之方法,已有一个很大的发展了"①。

　　这一"社会形态+技术演进"的论证方式似乎相当完备,但细究起来,这个框架却并不清晰。因为在社会学的视野下,所谓"社会"本身就是一个需要考察它是何以可能的对象。如果不假思索地就将前人的学说拿将过来,甚至只是简单地搬用,又怎能得其神髓?据孙怀仁自己的说法,他对"共同社会"和"利益社会"的区分来自滕尼斯。但只要读过滕尼斯的原著,就不难知道所谓"共同体"绝不只是他理解的那样,仅是"以血族居之地等的人间相互爱为基础,不问对方所受利益之如何而结合"②。更重要的是,滕尼斯所以要使"共同体"和"社会"对举,是为了严格地区分"天然的联合体"和"人为的联合体"。而他对"共同体"的探索,则是基于对当下的"社会"是否会"迅速和彻底地精疲力尽"的忧虑。③从思想渊源上看,这种对自发传统的重视,又深受梅因所著《古代法》的启发。④从这个意义上讲,虽说滕尼斯的《共同体与社会》是从对概念的区隔入手,全书似乎是在进行去历史化的理论推衍,但其研究宗旨和论述思路,都深植于德意志历史的演进特征。如果德意志不是先有如他所认为的"社会",再形成现代意义上的国家,滕尼斯还会不会尽全力探究这个问题,这本身值得深思。其实就对国族和当下的关切而言,滕尼斯的学说与徐宝璜等人的"新闻学"虽说在面貌和路径上大相径庭,但在旨趣上却脉脉相通,只不过在对情怀的表露上,前者含蓄,后者直白而已。

　　就此而言,不管孙怀仁是否读过滕尼斯的原著,他都是完全把它当作"理论"来认识和借用,在作为分析框架时,更完全是被"方法"牵着走。也许正因为孙怀仁高估了自己对德国古典社会学,尤其是滕尼斯学说的了解,这本讲义所引证的学理看似繁复严整,其实板块与板块、概念与概念之间的关联相当松散,就整体结构而言,绝对无法圆融自洽。其实,这种既未得所依学理之神髓,更未切入"新闻"的内在理路的现象,在当下不也相当普遍?

---

①② 孙怀仁.申报新闻函授学校讲义(一):新闻学概论[M].上海:申报馆,1934:14.

③ 菲迪南·滕尼斯.共同体与社会——纯粹社会学的基本概念[M].林荣远,译.北京:商务印书馆,1999:36.

④ 菲迪南·滕尼斯.第二版序言[M]//菲迪南·滕尼斯,林荣远,译.共同体与社会——纯粹社会学的基本概念.北京:商务印书馆,1999:18-34.

## 第二节　任白涛：一位新闻学人的现实际遇

　　既然早期的"中国新闻学"是以无"科学"的"学科"面目莅世，这就导致了三个结构性的后果。其一，因为并无"科学"意义上的共同体，也就谈不上内部的分工和对外的门槛。只要是自认对新闻业（还未必是中国的新闻业）独有卓见，都大可撇开前人，自建体系。纵观民国时期的新闻学著作，彼此对内容的引征率相当低下。其二，然而因为已存在"学科"意义上的群体，无门槛的另一面就是有界限。所谓界限，大致指著作能否被群体与公众接受，在很大程度上受是否与"中国新闻学"的根本取向相契合。其三，在"新闻学人"这一群体中，谁能占有怎样的层级，还并不完全以其论著的多寡粗精为决定性的依据，更取决于他的既有身份和时间先后。以徐宝璜为例，虽说他一向以政治学为主业，除了《新闻学》以外，本学科的著述并不多。[①] 但身为留美归来的北大教授，又占据了出版时间的第一，他不仅生前地位尊崇，还在身后被追祖认宗。黄天鹏于 1930 年的追思可谓典范："先生一生最大的贡献，就是提倡新闻学，在一二十年以前，新闻记者在社会上认为无聊的文人，新闻纸一般人认为遣闲的读品。先生众醉独醒，大声疾呼，以改造新闻事业为己任。于是国人始知新闻事业之价值，新闻记者乃高尚的职业。新闻界风气的转变，这是先生提倡的效果啊！"[②] 再如更为后起的杜绍文，在 1939 年要阐述自己对此前中国新闻

－－－－－－－－－－

　　① 　陈大齐.徐伯轩先生行状[M]//肖东发，邓绍根.徐宝璜新闻学论集.北京：北京大学出版社，2008：174－175.徐宝璜逝世后，北大同事陈大齐曾撰《徐伯轩先生行状》，对其在新闻学上的建树，只是以"著有《货币论》《新闻学》等书"一笔带过，却对徐氏历任的民国大学校长（代理）、盐业学校校长，"华盛顿会议外交后援会主任，全国财政善后委员会委员，第三中山大学劳农学院教授兼总务主任，北平政治分会秘书兼第三股主任、京华美术专门学校校长，北平大学、朝阳大学、中国大学、平民大学教授，北京大学经济系主任兼注册部主任"等职务历数备至。考其文意，这些才应是陈大齐认定徐"见重士林"的主要原因。按照中国的传统习惯，所谓行状，至少也当经过其亲眷的认可。因此，陈大齐此文也就类似于后世的官方悼词。从中既可看到在彼时的社会网络中，徐宝璜绝不仅是新闻学的研究者，甚至这还未必就是他的首要身份。

　　② 　黄天鹏.《新闻学纲要》序[M]//肖东发，邓绍根编.徐宝璜新闻学论集.北京：北京大学出版社，2008：176—177.

教育的批评时,也是引述和已去世的戈公振的独对为证据。①

　　这三个结果既同源而生,又互为支撑。可以说,只要它们的共同基础,即"报学兴则报业良,报业良则国族益"的共识,未被解构,"学科"的此一架构就难以动摇,还能在权势与影响的层次与格局上进行不断的再生产,而且还又无法从"科学"的维度加以验证与替代,自然也就谈不上"范式"的转换。这样一来,后来者也就只能被认为是处在学术源流的下游,抑或分支。从这个角度看,马星野等30年代学成归国的"密苏里群体"的中文著述,或为论文,或为专门研究,以至于被任白涛说成"断片式"的研究,到底只是因为深受美式学术影响,还是亦有只能接受已经成形的"学科"格局的成分,也就颇值考量了。② 实际上,倘若将视线放宽,不难看出,直到1949年以前,几乎所有我们今日认定的,至少要在方法上遵循价值中立的"社会科学",在当时的中国学界,都相对人文学科要弱势许多。③

　　较之首先是党国要人的叶楚伧、戴季陶和暂时串场的洪业、陶孟和、孙怀仁,任白涛于"新闻学"的侵润自然要深了许多。如果从要为在这个学科引入的知识数量而论,他甚至可以说是民国时期最博识的新闻学者。但在后世的"学科"追忆中,他及其著作的地位甚是微妙,虽不至于湮入流沙,但知名度却颇不及黄天鹏,遑论被奉为鼻祖的徐、邵、戈三大宗师。除非是以学科史为研究方向,否则只怕大多数学界同仁知晓这个名字,还是通过被经典教材转引的"鼓语"案例。④ 按照任白涛自己的说法,本来他在1918年已经完成《应用新闻学》,只因出版晚于徐著《新闻学》,活生生地丢掉了第一人的桂冠。以至到1937年,他仍对此不能释怀,在该年所撰的《新闻学在中国》(也就是《综合新闻学》的开篇)中,写下这样的话:"又单就中国

---

　　① 杜绍文.建设中国本位的新闻教育[J].战时记者,1939,1(5):3.杜绍文的该段记述如下:"记得八年前,我最后一次访戈公振先生于申报馆的尊闻阁,面聆其关于我国新闻教育的意见,他恳挚地说'中国报业环境太复杂,守旧与营利的观念太厉害,唯其因为如此,所以需求新报人为形迫切,姑就观感所得,就学新闻教育,应以兴趣为前提,迨献身于新闻事业,尤应以人格为要件'。戈先生这一席话,在此时此地的我国,是有其深长的意义的。"是否完全属实,当然就无从查考了。

　　② 任白涛.新闻学在中国[M]//任白涛.综合新闻学.上海:上海书店,1991:2.

　　③ 从学术权力的角度来看,民国时期有两起事件可谓对整个学界的全盘较量。其一是1941年和1943年,由教育部遴选的两批共45名部聘教授,其中人文社科类的共20人,社科类的8人。其二是经举国学者互推,于1948年产生的中央研究院首批81名院士,其中人文组(包含社科在内)共28人,属于社会科学门类的仅有8人。

　　④ 任白涛.综合新闻学[M].上海:上海书店,1991:331.

而言,诚然已经出现我那本有系统的、完整的应用新闻学,而开辟了对于斯学的系统研究的端绪,但也不过十来万言,而且更因为无人接受刊行,遂不得不'自费出版',为了资力有限的缘故,遂把业已草就的经营一篇(原为该书第五篇),临时抽出,同时对其余各篇的既成材料,更尽力删削,免得不超过同承印该书的商务承印部所订阅的一百中页的印刷契约:虽然结果带上自序和余录,超过了数页,但同原稿的本来数量相比,几乎还差了一少半。所以该书在总论、搜材、制稿、编辑四编,虽然都已经发挥出许多东西新闻学书所有未(原文如此)的意义、原则和方法,又在附编上阐明了偏于欧美两方的新闻事业之史的发展,但在今日看来,那就万不能免掉'挂一漏万'。"①

暂且不谈其间的自许是否过当,单就此书的出版经历而言,就着实能体现"学科"体制的现实一面。不妨与徐宝璜、邵飘萍做一对比。徐宝璜的《新闻学》前后共易四稿,第一稿写于1918年暑假,刊登于《东方杂志》1918年的第九、十、十一号。第二稿(也就是在北大新闻学会上的讲稿)旋即刊登在他任主编的《北京大学日刊》以及1919年3月出刊的《北京大学月刊》第三号。第三稿的前五章则刊登于《新中国》的第一卷第七号(1919年11月15日出版)和第八号(1919年12月15日出版)。第三稿还在刊登中,第四稿在1919年12月6日就由北大出版部印行全书。②邵飘萍所著《实际应用新闻学》则干脆就是由自己的京报馆印制,委托商务印书馆代为发行。《应用新闻学》的出版,单是时间就拖了足足四年,直到1922年才改由亚东图书馆印行。出版机构的态度如此悬殊,自是因为此时的任白涛,无论就社会地位、学历层级,还是与业界的关系,都远不能与徐、邵相比。1918年的任白涛还仅是一个普通的留日学生,此前与业界的关系,也不过是曾为上海各报担任过驻开封的通讯员。③以这样的身份与资历,又怎能让出版机构对其著作的销路抱有信心?

加之既无严格意义上的学术共同体,也就形不成有效的同行约束。《应用新闻

① 任白涛.综合新闻学[M].上海:上海书店,1991:1.
② 王颖吉.徐宝璜《新闻学》成书过程及版本的若干问题的考析[J].新闻与传播研究,2006(1):40—45.
③ 任白涛于民初在开封为上海各报做通信员的经历,可参见《综合新闻学》,上海:上海书店,1991:358—360.

学》出版后不久,就发生了与伍超所著《新闻学大纲》的版权争议。① 在《新闻学在中国》一文中,任白涛对他看来由《应用新闻学》的出版引起的"中国新闻学界的空前的灾祸",进行了如下描述:"尤其可憾、可恨、可悲、可悯的,就是以号称在新闻学的先进国研习有年的人,以及身任新闻学'教授'之职的人,居然一而再,再而三地拿我那本小著做起他或他的'著作'或'讲义'的底本;并且公然而毫无忌惮地交一流的大书店刊行了!"②

　　倘若真如任白涛所说,自然其情可悯,其鸣更悲。然而笔者在对照 1922—1937 年间出版的此类书籍后,却发现无论按照当时,还是后世的学术规范,除了《新闻学大纲》,还真没有著作能确认为对《应用新闻学》构成抄袭的。当然,任白涛这里使用的并非"抄袭",而是"底本",这又反映了他怎样的心态,尤其是对自身在"学科"内地位的认知? 还是来看《应用新闻学》的架构,该书开篇的总论中,如此交代写作的缘起与方式:"研究新闻学,当从何处着手,何处踏脚。经营报纸,当取则何法。是为读者脑中应发生之问题,亦即编者编制本书之顺序及方针之问题也。前者,则本书之编制顺序:说新闻事业之性质、新闻记者之地位、新闻社之组织等,是为第一编,曰总论;说'新闻'之定义,价值与其搜集方法等,是为第二编,曰搜材;说评论、记事,乃至特殊文字之如何调制,是为第三编,曰制稿;说编辑部之构造、编辑部之搜材,实务上之编辑等,是为第四编,曰编辑;又无论研究何种事物,皆不可不明晰该项事物之来源及其变迁,因于卷尾殿以'欧美报纸史略'一篇。此本书编制顺序之大略也。后者,则英美之报纸,为现世代表的报纸良堪作我之模范。而日本之报纸,就形式上言,亦多可取之点。故本书之取材,以英美为主、以日本为副。同时我报界之劣点,亦一一由反面映出,不言自明,其针锋相对,不得不言者,自不

---

　　① 任白涛.再版的话[M]//任白涛.应用新闻学.上海:亚东图书馆,1937:6－7.据任白涛的描述,其间经历大致如此:"那位先生,着实有点好像发狂:他连那篇平淡之极的自序,也照顾到了。至于错误之处,更触目皆是。我的朋友张蓬仙先生从北京来信,说他对他主任的新闻科的学生,把那位先生的高姓大名,改作'武抄'——他信中还有'后学不知鱼目真可混珠'一句沈痛话——弄成这个样子,我如何能够不响?——我如何能够挡得住别人响? —曾适逢其适地遇着可以说是我这本书的爱人的胡适之先生了——他老早就从《现代评论》上得悉这椿'怪事'了;——他对商务的王云五先生说了,王先生便答应'……停止重印……纸板……销毁……'了,于是正在发育成长时期的中国新闻学界生出的一个小瘤,算割去了!"该书在正文前的四篇序文都是单独编页.

　　② 任白涛.综合新闻学[M].上海:上海书店,1991:2.

能不言之。此本书编制方针之概要也。"①

暂且不谈这本书所用的材料，有多少来自日文文献，而并非任氏原创。单就编撰的体例与顺序看，他就不是基于"吾国报业"的现状来寻求推进的路径，而是直接就以"英美"与"日本"为"现世"的"模范"与"可取"的对象。若与徐宝璜的《新闻学》相比较，似乎在"先进与否"的结果上相仿。然而其路径却是一者先确定谁不先进，一者预设谁先进。换句话说，在任白涛那里，并不是以"吾国报业"当下需要以何为起点，而是"模范"如何，"吾国"亦当如何。在这样的路数下也就谈不上以"报学—报业—国族"的想象图景为展开的基本取向。当然，槛外之人要洞明"中国新闻学"因何而兴起，确非容易。但从任白涛的行文看，要说此时的他对"中国"远没有像徐宝璜、邵飘萍、戈公振那样看重应当不是苛评之论。实际上，也正因为自身并无真正清晰的取向，虽说单独抽出《应用新闻学》的任何一个版块，似乎都能独立成章，自成一体，但这恰恰说明，就架构而言，全书宛若七宝楼台，各部分之间乃是简单的拼合，并未凝聚成自洽的完整系统。由此似可推知，正因为任白涛并无严格意义上的自身的"新闻学"框架，所以才有可能把"材料"误认为"知识"，甚至是"理论"。在这样的衡量体系下，也就毫不客气地因为自己采用这些并非原创的材料在先，就认定自己是"学科"先导。但凡有人也在"知识"的层面，运用了类似的材料，甚至是在其架构内覆盖了他也涉及过的话题，那就理所当然会被看作以他那本《应用新闻学》为"底本"。

既然在动因与路径上就与"中国新闻学"的主流落落不合，又怎可能被由此而生的"学科"体制真正认为核心？而到 1926 年，这样的疏离落在任白涛眼里，却又成了"这几年来，我看这门学问，似乎没有什么大的变化"的证据②。在同样是与"学科"若即若离的王拱璧看来，这也是"在白涛的新闻学出版之前，曾有一本新闻学出世；但是我看那本书，总觉得不像科学"的理由。③ 其实任白涛与"中国新闻学科"的疏离，而且是以自我为中心的疏离，这在他对《中国报学史》的评价里亦可得到验证。从第二章的注释里曾引用过的那段话来看，《中国报学史》"文不对题"的说法，应该就是自他而始。当然，在任白涛那里，这次对话俨然就算自己的胜绩，但从中恰可看出，任白涛对戈公振是如何理解"报学"与"报史"的关系其实并无切实

① 任白涛.应用新闻学[M].上海：亚东图书馆，1937：4.
② 任白涛.再版的话[M]//任白涛.应用新闻学.上海：亚东图书馆，1937：2.
③ 王拱璧.写在任著新闻学的上头[M]//任白涛.应用新闻学.上海：亚东图书馆，1937：2.

的把握。这段话又写在戈公振去世以后,对方是不是就如他所说,对他的批评全然接受,也是死无对证。

不管任白涛其人与"中国新闻学"的隔膜,造成其书与学科主流的疏离,还是《应用新闻学》的际遇造成任白涛与"学科"的疏远,抑或两者之间互为因果。然而这种与"学科"隔了一层的处境使得任白涛始终未能把握"中国新闻学"的"中国"取向与"学科"面相。《应用新闻学》面世后有十多年的时间,任白涛的论著与翻译,都是以文艺理论和社会学为主,于新闻学却少有新作。1932 年 6 月,《文艺新闻》刊出《两个集纳学者的对话》,据该文的作者转述,任白涛在被问到"为什么写了一本《应用新闻学》后,便不再写关于新闻学的书"时,回应是"在中国,懂新闻学的不一定能办报,办报的不一定要懂得新闻学。虽然我这一本书,被许多学校当课本,但课本的用处就是课本,所以我也就不敢再多写什么了。因为我觉得新闻学在中国,真是一门难学"[①]。当然,这篇文字的主旨是以他对著述的谨慎来反衬和讥讽黄天鹏"为了稿费",才"新闻学的著作真丰富得很"[②]。然而从中也不难看出,到了此时,在后起的学者眼中,任白涛之于中国的新闻学诚然功不可没,治学的态度更值得尊重,但毕竟已是过去的人物。

然而就在这段对话的数年后,任白涛就编写完成《综合新闻学》。据他 1949 年的回忆,起因是 1935 年 6 月,商务印书馆约请他写一部《综合新闻学》,作为"大学丛书"的一种。[③]"大学丛书"是商务印书馆在 1930 年代着力打造的精品品牌。按照王云五的规划,这部丛书既要系统地推进本国学术,更要为中国的大学生提供高质量的教材。到抗战结束,"大学丛书"共出 370 多种,王世杰、何鲁、钱穆、钱端升、萨本栋等大批一流学者都是它的撰稿人。商务印书馆约请任白涛参与其事,既是对他的认可,也可以算是对昔年怠慢的弥补。任白涛旋即"分批,分卷字稿",到 1938 年春天已完成全书。[④]

在此前的 1937 年年底,他已将书稿中的《列邦的新闻学研究机关》一节抽出,发表在《中山文化教育馆季刊》该年的第 4 期。从这篇文章中就可看到任白涛对"新闻学"的认知和期待。这篇文章一开头就描绘"新闻学"在"列邦"的繁荣景象,"现今世界各国的著名大学,没有新闻学讲座的,几乎可以说没有。新闻学在现今,

---

①② 两个集纳学者的话[J].文艺新闻,1932(60):5.
③ 任白涛."综合新闻学"搁浅记[J].春秋,1949,6(2):33—37.
④ 任白涛.列邦的新闻学研究机关[J].中山文化教育馆季刊,1937,4(2):749—762.

是与其他一切科学，同样地已经被编入大学的科目了。"① 除了人文社科领域相对缺乏学术自由，日本的高校体制在二战以前，差不多就是德国的翻版。因此，任白涛在这里所说的"讲座"，应该就是德文中的Lehrstuhl。在从来都极其重视研究的德国高教体制中，讲座是最基层的学术机构，大致与美国高校中的研究团队相仿。只要获得教授的任命，学者就可以自己为中心来组织讲师、编外讲师，招收学生组成团队，在此范围内几乎拥有绝对的主导权限。

但即便真如任白涛所说，允许新闻学开设"讲座"，已经在"世界各国的著名大学"相当普遍，以"讲座"的形式存在是否就意味着这门学科在学理和方法的成熟度上，足以和"其他一切科学"相提并论？当然，在任白涛的眼里，所谓"其他一切科学"在这方面也未见得等量齐观。这篇文章也明确揭出，在他看来，虽说普尔兹（Prutz）在1845年和罗满（Salaman）在1900年所出的两部《德国新闻事业史》，如今"还占着（学术界）最高的位置"，但这些"照着纯粹的历史的记述法的书籍"却因为缺乏"新闻事业之社会的技能、新闻事业与国民经济的关联、由于广告之经济的发展之反应等考虑"，只能说是"早期的一切的新闻事业研究"了。② 与"早期"相对应，在任白涛看来，已经"明确地把社会学的观察法，用作新闻学研究之最基础的方法"的"鲍起尔·魏伯、谢弗莱、威斯、觉瓦诺利、伯纳略"等人所做的就不是"单就历史、法律、政治、言语、技术等的片面研究"，而是可以理解新闻本质的"社会的文化形态之综合的研究"③，而这种"综合的研究"才是"新闻学"在当下所该遵循的路径。

从这些描述中不难看出，任白涛其实是基于对德国古典社会学的认可，来确信这样的方法是科学的，而并非经过了自己的经验与批判。从这个意义上讲，所谓"社会学的观察法"，对他来说就不只是可能的选择，而是必然的正路。但这与其说是德国的古典社会学，不如说是他所理解的德国古典社会学。正如上文对滕尼斯的剖析那样，早期的德国社会学家对"社会是如何可能"的重视，很大程度上就是要为德意志何以能够在现代国家出现之前就已具备现代社会找出答案。就此而言，虽说他们在方法的取舍上，诚然与此前以兰克为代表的"纯粹"的历史记述颇不相同，但却具有相同的根本动因。也正是因为至晚到了19世纪后期，德意志乃至欧洲的现代国家与社会已经是确凿无疑的客观存在，他们才能在各种"片面的研究"之外（或者说是之上），对它们进行总体化的观察，即便在观察的路径上，他们也并未排斥历史、法律等既有的方法。从各位顶尖社会学家作为学人的成长过程看，还

---

①②③　任白涛.列邦的新闻学研究机关[J].中山文化教育馆季刊,1937,4(2):749-762.

往往就是以这些"片面的研究"为起步,在对它们深入的运用和体悟的基础上,才得以提炼出自己的社会学路数。譬如在任白涛所列的名单里,最具影响的当然是马克斯·韦伯,也就是他说的魏起尔·魏伯。但韦伯所以能对"社会学的基本概念"给出完整而绵密的架构,跟他早年从中世纪的商业组织再上溯到古罗马的农业形态,在历史学的领域打磨出对长时段和大尺度的把握能力,实在关系匪浅。[①]甚至终其一生,他最擅长的仍是以历史的演化为依托来展开对社会形式的探究。

当然,要真切地把握德国的学术脉络,哪怕在著述文献不难获得的今天,对于成长于欧洲以外的学人而言也绝非易事。笔者上述的推断,即便不至于谬之千里,也肯定是浮皮潦草。实际上,任白涛交代得很清楚,虽然经常引用德国学者(在他看来,是新闻学家)的意见,但"直接的取材,因多系根据早年出版的东京帝大新闻学研究所的文献,作者对德文未曾索习,原本更绝未之见"[②]。即便是小野秀雄等人在学术上的火候能否胜任将社会学的知识融会进入新闻学的框架这一任务本身就很成问题,何况再转手至少一次?然而越是对自己所宗奉的学科、路径的缘起和精微不甚了然,就越可能把它们视作天经地义。任白涛虽说也承认自己所讲的学理,大多是二手甚至三手货,对它们却坚信不疑,"不过,就作者研究的见地而言,所引各说的辗转介绍的错误是很少的"[③]。话说得自然很有底气,但"研究的见地"又是从何而来?难道不就是出自这些东京大学新闻学研究室的文献?就此而言,所谓"错误是很少的"根本就不是与"原文"(或者说德文)抑或已经译为日文或德文的原著相比对的结果,而是对基于东大新闻学研究所的信任,甚至可以说是信仰。借用章学诚的话来说,这种信任并非"宗主"而是"门户"。[④]从这个意义上讲,任白涛与孙怀仁一样,对"新闻学"仿佛带有自己的批判,其实是抱着未经思考的定见。只不过任白涛照录的文献出自东大新闻学研究室,从"学科"的界域来看,似乎更具正当性而已。

---

① 迪尔克·克斯勒.马克斯·韦伯的生平、著述及影响[M].郭峰,译.法律出版社,2004.

②③ 任白涛.列邦的新闻学研究机关[J].中山文化教育馆季刊,1937,4(2):749-762.

④ 章学诚.浙东学术[M]//叶瑛,校注.文史通义校注(上册).北京:中华书局,1981:523.原文是:"世推顾亭林氏为开国儒宗,然自是浙西之学。不知同时有黄梨洲氏,出于浙东,虽与顾氏并峙,而上宗王、刘,下开二万,较之顾氏,源远而流长矣。顾氏宗朱,而黄氏宗陆。盖非讲学专家,各持门户之见者,故互相推服,而不相非诋。学者不可无宗主,而必不可有门户;故浙东、浙西,道并行而不悖也。浙东贵专家,浙西尚博雅,各因其习而习也。"此后,"宗主"和"门户"逐渐沉淀为中文学界的常用语。

但不管新闻学研究室水平如何，东京大学总是毫无疑问的亚洲第一学府，德国更是当时国人公认科学最发达的国家。既然自家宗奉的门户如此显赫，而且作为论文，东大所出的系列报告也是体例规范、内容繁复，也难怪任白涛会理直气壮地沿用其间的分析框架，来做"综合新闻学"。在他的理解里，所谓"综合"，除了内容的丰富，更多的还是指研究的方法与目的。作为构造的结果，"新闻学是理论的科学，同时是技术学。是纯粹科学，同时是应用科学，是处理最现实的问题的科学。从理论到实用，从实践到科学的不断的交流循环，支配着新闻学的血行"①因此，较之内容的丰富，任白涛其实更看重方法上的综合，也就是要"先分析多样的现象而在若干事例中归纳出共通的关系的类同（agreement）"②。当然，以此作为参照系，他也就很有理由认为既有的"新闻学"研究全无方法可言。要矫正这些"缺陷"，就必须"以搜集下的具体的资料做基础，更进而去发现实现于经验上的法则的妥当性，究明潜伏于社会的、经济的、技术的诸要素里面的意义"，要这样去研究，才可能有"有组织的体系的新闻学"③。

从这些日文痕迹浓厚的表述中不难看到任白涛对"综合新闻学"在方法上的期待深受德国古典政治经济学的影响。虽说都盛行于"边际分析革命"兴起以前，但较之以斯密、李嘉图为代表的英国古典政治经济学，德国的古典政治经济学从来都更看重"国民经济"的"总体性"，而非作为个体的收益最大化。这方面的经典著作以李斯特的《政治经济学的国民体系》为代表，商务印书馆在1961年就出版了汉译本。不管将这样的分析范式引入对"新闻学"体系的建构中是否任白涛首创，但引入的结果必定就是将"总体性"视为考察新闻业内部组织与外部关系的基准方法。沿着这样的思路，只要将"新闻学"做成能反映法则的学问，"技术"和"应用"层面的问题都会迎刃而解。这样的路径设想倒的确与近代物理科学相当类似。可以说，任白涛是先确立了他对什么是"科学"的信仰，再根据他的理解和选择来试图构造能够解释所有与"新闻"相关的社会现象的总体框架。这与其说是在理解"社会"视野下的"新闻"，不如说是以"新闻"为端口来构造整个"社会"的图景。

仅从学术上的志趣来看，的确值得钦佩，然而要将这样的"新闻学"具体展开绝非易事，而要证明它之于此前的"中国新闻学"的优越就更有难度。很遗憾，《综合新闻学》在这两方面都做得很不到位。或者更确切地说，任白涛根本没有察觉到以这样

---

① ③　任白涛.综合新闻学[M].上海：上海书店，1991：11.

② 　任白涛.综合新闻学[M].上海：上海书店，1991：5.

的标准来构造"新闻学",而且是更加优越的"中国新闻学",本身就是否可能。

《综合新闻学》开篇就用专节来讲述"新闻学的对象和研究方法",在旁征博引各家的描述后,任白涛对"新闻学"给出了路径设定:"新闻学的研究,必须采取做社会意识的表现手段这一个方向做进路。"①在他看来,为了实现这个路径,就必须这样来"如次"考查新闻事业对于社会的作用:第一,"新闻在社会生活中的任务,新闻的搜集选择及新闻源的问题";第二,"在新闻事业上的公告态度及意见构成的过程,指导性的形态与种类,心理学的技术、言语、文体、绘画等表现的问题";第三,"做公告机关的新闻事业:新闻事业与社会间的相互作用的性质和机能及于舆论形成的影响等"②。

乍看上去,这样的架构似乎涵盖广泛,而且言之有序。稍加细究,它的内容与顺序却都存在根本问题。首先,从内容看,把这样的板块拼合起来,能否就是"综合的研究"? 仅这三个方面是否就足以构成"新闻"作为"社会意识的表现手段"的全部? 而以"社会意识的表现手段"为侧重和中心,是否就等同于如他自己所说的,把新闻事业当作"精神的、技术的、经济的诸力之内的相互作用与其外界——特别是国家——的相互作用之合成的统一体来考察"? 其次,从逻辑的角度看,从这样的"如次"里,实在看不出是由深描个体而推测总体的归纳,抑或是在厘清总体的架构之后再来诠释个案的演绎。既然要进行"综合的研究","新闻在社会生活中的任务"原本就非止一端,为何仅以"新闻事业上的公告态度"作为探讨的侧重和结穴?实际上,这样来预设主题,对"新闻"在社会生活中到底有哪些任务的阐释,也就必定会是看似客观却颇有遮蔽。

如果原本就是为了彰显"新闻"的某种功能或是某个侧面,这样写来倒也无妨。但任白涛要做的,恰恰就是"综合"的新闻学。照这样的预设写将下来,诚然可能涉及的方面更多,所用的材料更丰,但怎能保证构造的结果不至于跟他对"密苏里群体"的评价一样,也只是"新闻学之断片的研究"? 只不过这个碎片看上去要更大更复杂一些? 更要命的是,任白涛对"公告性"的专注是从小由荣三那里直接挪用过来的。③ 虽说在他看来,这是无可置疑的正统,但毕竟未经自己的经验和批判,就这样径直地用来诠释现象,也就难怪相当生硬。不妨与他不甚推崇的《中国报学史》做下对比。两本书看似都以"公告性"为书写的侧重,但诚如前文所述,在戈公

---

① 任白涛.综合新闻学[M].上海:上海书店,1991:11.

② 任白涛.综合新闻学[M].上海:上海书店,1991:10.

③ 任白涛.综合新闻学[M].上海:上海书店,1991:53.

振那里，这是为确认"本国"的报业确有伟大传统的选择结果，虽说沿着这个脉络来讲述的"中国报刊史"很有些刻意诠释的味道，但由于宗旨明确、对象明晰，书写出来的结果也就相当自洽。但在任白涛那里，作为直接挪来的框架，"公告性"就是不可逾越的标尺。这样的挪移，既与"综合的研究"本身就存在逻辑上的错位，更未体现自身的主体性。正是因为这个缘故，虽说任白涛在"新闻学的对象和研究方法"里，列举的各家学说在数量上比戈公振等人丰富得多，所持的见解单独拎出来也似乎更具思考的深度，但它们彼此之间的耦合却相当松散，根本就没有做到真正意义上的"综合"。不管小由的原作就是这样似密实疏，还是任白涛为了刻意要把"新闻学"更加做成"综合的"，舍弃了小由原本的对象与语境，这样的框架引入都足以证明其治学功力与其学术规划相距甚远。

其实以这样松散的结构来展开探讨，哪怕仅是进行共时性的实证研究，也很难在质料的取舍、轻重上做到拿捏得当。但任白涛的志趣还远不止此，他还希望在这个框架下，能够在"现代各国的新闻事业之社会的机能"之上提炼法则，再根据"对于这些的社会构成力的理解"，给予"对新闻政策的规准和武器"[①]。在应用的层面上落实得更具体些，就是"由这种分析的考察，可以知道各国新闻政策的发生和它的现在的情形"[②]，这就意味着还必须把"各国"的历史也纳入考察的范围内。换句话说，任白涛试图做出来的新闻学，应当既是社会学的，也是能容摄历史的；既能对"当下"给出系统的"综合"的展现，还能对这些社会机能是如何发生的给出完整的历时解释。然而，只要不是太缺乏研究的经验，就不难看出，要这样将结构与流变融汇无间，又哪里是人力可及？

也就难怪任白涛虽说对"纯粹的历史记述"和"碎片式的研究"评价甚低，但《综合新闻学》的第二至四卷（"原始的公告形态和通信方法""现代的采访技术和通信方法""编辑和撰述"）实际上运用的方法却是两者的揉杂，与第一卷"总论"中所提倡的"综合的研究"根本就不搭。既然《综合新闻学》原本就没有做到任白涛所期待的"综合"，在具体的行文中，他也就只能按照这两种自己不太看得起的路数写将下来，或者更确切地说，是转录下来。况且"纯粹的历史记述"与"碎片化的研究"原本就在方法和取舍上南辕北辙，任白涛执意要让它们冰炭同炉，也就只能在两者之间来回摇摆。这样一来，《综合新闻学》虽说洋洋洒洒，但即便在每个章节的叙述中都既未受益于"碎片研究"的界域明确，也未贯穿进"纯粹的历史记述"在时间线上的连

---

①②　任白涛.综合新闻学[M].上海：上海书店，1991：11.

贯清晰,而是在"机理"与"流变"的夹击下,长篇累牍地陈述现象。从这个意义上讲,材料再丰富,也只是獭祭成文。这样的章节,在《综合新闻学》中可谓比比皆是,由于篇幅太长,这里无法全引,对此感兴趣的读者,浏览下"新闻报道发生的主要动因"(第二章第二节)、"听觉通信"(第五章第一节),即可大致领略。

更确切地说,正是因为任白涛实际使用的方法是如此揉杂,才使得所有的质料都既被摘出语境,更被剥离情境,无论在逻辑还是在历史上,都只是孤立的存在。这样一来,也就无妨在目力所及的范围内,将所有跟"新闻""交往"哪怕在字面上扯得上关系的材料,都大大方方地拉扯进来。譬如要谈到"原始的通信方法",就可以按照承载工具的物理形态,将"动物通信"专列一节,进而大谈在中外历史上,有哪些名人曾用鸽子、马匹、鹰、犬来进行通信。① 再如在追溯新闻控制的既往时,也能将魔术师说成最初的新闻统制者。② 难怪《综合新闻学》越写越长,最后的成文多达100多万字。其实,与上文对《应用新闻学》的分析相对照,不难看出虽说时隔10多年,但任白涛在对架构的判别、选择和搭建上没有什么长进,依然是看似磅礴深邃,其实支离断裂。就此而言,《综合新闻学》的受门户所限人云亦云,跟《应用新闻学》并无二致,只不过在这十余年间,东大新闻学研究室推出多期研究报告,不管是依样画葫芦也好,买椟还珠也罢,任白涛能从宗门中照着讲的资源多了不少。

当然,任白涛本人自始至终都未察觉到这一点,《综合新闻学》的部头反而让他的自我评价更为高涨。在他看来,这部书当然是"中国的学术文化界——特别是新闻学术界——的一笔像样的财富"。③ 哪怕是要精益求精,也只不过要为了符合"综合"这个名目,再添加上"杂志"这个版块而已。实际上,在抗战胜利后,任白涛的确用了一年多时间,为此又写了十多万字。也就难怪在被商务印书馆以"成本太巨,行销无把握"退稿之后,任白涛断言这就是中国的学术文化界的一场厄运,"这不是商务——这个中国的出版大托辣斯——临到穷途末路,便是中国的学术文化临到穷途末路,我想二者必居其一吧"④。然而除了能提供丰富的资料,这部大作对于"中国新闻学"又究竟有多少学理上的推进?

当然,"中国"的特殊性原本就不在任白涛的著述立场内。正如前文所引的那样,在他看来,新闻学应该首先是"理论的科学""纯粹的科学",即便还要展现"新闻

---

① 任白涛.综合新闻学[M].上海:上海书店,1991:355—356.

② 任白涛.综合新闻学[M].上海:上海书店,1991:273.

③④ 任白涛."综合新闻学"搁浅记[J].春秋:1949:6(2):33—37.

的社会机能"的生成和演化,也只能是在"原始—现代"的框架下展开。在这样的旨趣下,所谓"各国"的种种,也不过就是要被诠释的质料,甚至是用来背书预设的佐证,而非必须正视和扬弃的经验。从这个意义上讲,任白涛所要做的,还真就是普世皆准的"新闻科学"。在他所理解的"社会""科学"的范畴下,任何国别和历史阶段,都只不过是有待被"综合的研究"考察的质料而已。任白涛对本国同行的差评,其实也只能说明"社会"和"科学"对他来说其实更像是波普尔所说的"大词"(big words)。

既然任白涛和徐宝璜、邵飘萍、戈公振对"新闻学"的期待上就有根本的差异,与他们的"新闻学"相比,任白涛的"综合新闻学"就根本不在同一个路子上。正因为他要寻求"纯粹的科学",《综合新闻学》的前半部分处处都刻意展示出"去情境化",放在"中国"的知识生产场域内看,也就是"去中国化"的色彩。自然,撇开修为是否足以应对自我的期待,在追求"纯粹的科学"和寻求"济世的学问"之间,以及在"世界学术"与"本国学术"之间,原本也很难谈得上谁高谁下。任白涛在深信自己完成的就是"综合的研究"的同时,也不忘顾及当下的国情,因此《综合新闻学》在体例上也对"现时的中国情势,特别是中国报纸的编辑和经营状况"降格以求,"不能不偏重技术方面的情事,即仍须注重实用,减少理论,所以本书的理论部分,仍照《应用新闻学》的理论部分,只约占全书的五分之一"。[①] 但恰恰就是这个在他看来只是配角的部分,由于并无"本门"的既成结果,只能自行组织,反而既在行文上更为清通,更在论述上接到地气。其实,这种有心栽花却无意插柳的错位,在当年和当下的学界,岂非也是常见?

由于历史的原因,在 1949 年后的中国大陆,新闻学科的知识内容与人员构成都经历了几近彻底的重构。可以说,较之其他诸多学科,这段历程曾被更为深入地集体遗忘。后世学者是从 20 世纪 80 年代才开始重新审视它们。这种著述者与阅读者之间的传承隔离,自然让相关研究避免了许多学术之外的纠葛,然而也造成了语境的难入。如此看将过去,极易生发出两种对学科的看似再发现。其一可称之为"溯同",就是举凡前人所论,但与今日学理抑或自身见解有所形似,便引为同道,乃至尊为先驱。其二则可谓之"尊异",但见有与后世之"主流"不尽相同的考察线索或文献引征,就将其认定为空谷足音,甚至广陵遗韵。这两种评判倾向,乍看上去自然迥异,然而究其成因,却都是缘于对文本生成情境的隔膜。笔者自然亦是局中人,但希望这番浅析能让我们感觉到这层隔膜的存在本身吧。

---

① 任白涛."综合新闻学"搁浅记[J].春秋;1949:6(2):33—37.

第四章

# 中国新闻学的世代与规训

——以早期复旦大学新闻学系为例

第二、三章已从概貌上展示了早期"中国新闻学"在预设、路径和架构上的不尽相同,从因果关联看,这恰是有"学科"而无"科学"的必然结果。但既然"中国新闻学"曾经是复数的存在,为何在后世又会大致相仿?说得具体些,就是不仅形成"理论""历史"和"业务"的三分,而且这三个板块又分别以徐宝璜、戈公振、邵飘萍为公认的宗师?其实,通过前文对这三位"经典作家"的分析,不难看出,在很大的程度上,这样的"经典化"也对他们及其著作的旨趣和构成进行了选择性的理解,其他"新闻学"体系更是被"经典化"的过程所舍弃。正是经过其间的取舍和诠释,中国的新闻学即便不好说形成统一的范式,却有了脉络和结构上的共识。正是通过这样的"经典化"(当然,它的另一面就是"遗忘"),"中国新闻学"才得以转变为中国的新闻学。这也正是笔者得以回望和审视的前提。

既然要用演化眼光探究中国新闻学的缘起和流变,自然就要对这个"经典化"的过程是在怎样的情境下发生,又基于怎样的动因而成就进行进一步的剖析。当然,在此过程中,最需要警惕的仍然是将其结果设定为必然。而且,除非受到外在的直接干预,在思想与学术的演进过程中,纵使"经典化"的过程已经启动甚至延展开来,也未必就能阻挡在被树为"正统"的脉络之外的其他路径依然并存,甚至是进一步展开。从这个意义上讲,要在思想史或是学术史的讨论中,为学派、学风的流变划定统一的时间节点本身就相当危险。因此,笔者在以下的论述中,也不刻意地去截然判分与前两章的时间区隔。

# 第一节　作为"学术群体"的复旦大学新闻学系：
## 侧重于谢六逸与黄天鹏

　　暂且按下对徐宝璜、邵飘萍、戈公振等人的考察结果是否"科学"，单从"学科"的意义上看，其人其学是怎样沉淀为学人的集体记忆？从何时开始，在谁那里，这些"开创者"以及他们创设的"新闻学"不只是甚至不再是考量的结果，而是被当作不言自明的考量框架？既然将"后世"作为考察的对象，那就要对其含义略作界定。无论是在中国还是西方的叙事传统中，"世"与"代"都不只描述时间的物理含义，而更侧重于其社会意蕴。所谓"世代"，不仅存在着时间上的先后，更承载着观念和行为上的承继与流变。不同"世代"之间的影响互动，必然是学科史考察的重要问题。

　　由于几近完全掌控学生的前途，较之中国既有的书院体系，大学的系科就更具有学科规训的权力与权威。学生不仅需要在规定的年限内完成课程修业，还需在导师的指导甚至是指令下完成毕业论文，否则就根本无从毕业。但反过来看，学生一旦通过规制下的考核，就可能获取任教与研究的资格。在后来对民国学界的追忆和想象中，有两点几近共识。其一，著名学人大都拥有显赫的教育背景，如傅斯年、俞大维、冯友兰、汤用彤这样既出生高门亦复有海外名校经历的人物所在多有。其二，著名学人通常顶多三十上下，就已获得教授职位。但若细加考究，却不难发现，纵使在成批著名"海归"中，获得博士学位的所占比例也并不大。而在当时的美国和欧洲，这已几乎是获取大学教职的基本条件。正是因为这个缘故，在民国时期，对大学教员的资格限定，尤其是学历门槛，远不如同时代的西方或是今日的中国那样高。1927年5月，国民政府教育行政委员会颁布的《大学教员资格条例》明定"大学教员名称分一、二、三、四四等：一等曰教授，二等曰副教授，三等曰讲师，四等曰助教"，对于助教的规定是"国内外大学毕业，得有学士学位，而有相当成绩者"或是"于国学上有研究者"，而从助教晋升到讲师，讲师晋升到副教授，副教授晋升到教授，分别需要一年、一年和两年，且有"特别成绩"。①

　　其实，所谓"特别成绩"的有无多少，原本就大有解释和操作的空间。换句话

---

①　李华兴.民国教育史[M].上海：上海教育出版社，1997：530.

说,倘若一门学科能够在建制内延续不太短的年头,就完全可能将从接受高等教育开始就是"科班"出身的新人培育成为对系务、校务,乃至学科事务,颇具影响的教员,从而实现自身体系的再生产和拓展。实际上,纵观当时的中国学界,至少在人文社科领域,如此情形比比皆是。譬如闻一多,1922 年从清华学校毕业,当时的清华学校毕业生位阶等同于美国大学的二年级学生,1930 年就被国立青岛大学聘为文学院院长。再如比他晚一代的程千帆,1936 年从金陵大学中文系本科毕业,1942 年就以副教授的身份回到母校。

在这样的制度架构下,新闻学和复旦大学在 20 世纪二三十年代的状况,也就为早期的复旦大学新闻系科能迅速成为中国新闻学的再生产基地提供了足够的条件。首先来看"新闻学",如前所述,"中国新闻学"在 20 世纪 20 年代已初步成形。但研究者对于中国报业在当下亟须解决的问题是什么的看法却不尽相同,基于视角、侧重与方法的差异,在此时的新闻学人之间,很难形成真正意义上的学术共同体,通过群体的分工合作来推进共识与知识的快速增长也就无从谈起。即便到了复旦大学正式创立新闻系的 1929 年,中国新闻学的知识版图与十年前相比仍然没有多少广度和深度上的变化。然而这样一来,反而为后来者留下充裕的可拓展空间。即便是在前人的基础上接着讲,他们也不难在对具体问题的剖析上后出转精。

再来看复旦大学的因素。复旦大学设立新闻科是在 1924 年,此后就从未间断。此前的北京大学新闻学会、厦门大学报学科和平民大学新闻科都迅速解体,即便是同年设立的燕京大学报学系也曾暂停数年。规制与平台的连续性,自然造就了学术群体的率先成形。那么,当时在国内高校中地位并不很显赫的复旦大学,又何以愿意并且能够做到这一点呢,可能答案恰恰就在这"并不很显赫"上。复旦大学的前身是复旦公学,它虽非国立,却因为是中国民间创立的第一所高校,向来就拥有较为特殊的地位。它还在筹办阶段就获得两江总督周馥提供的一万两公款资助。从 1906 年开始,两江总督公署还每月贴补它一千四百两。[①] 进入民国后,同样是依照《大学令》规定的条件和程序,复旦整体改制为大学的年份(1917),虽说稍晚于北大、南洋、北洋,在全国的私立学府中却是最早。大致而论,二三十年代的复旦在大陆高校中的地位,当与今日辅仁、东吴在台湾地区高校中的位置相仿,虽非

---

① 端方.江督端奏筹拨复旦公学常年经费折[J].四川教育官报,1907(9):4—5.

顶尖,却不容小觑。① 这样的来源与地位,自然对复旦的学科结构与规划产生直接的影响。既然并非国立大学,也就不用像必须担当中国高教主力的北大南高那样将主要精力倾注于基础学科。这样一来,在当时积淀还并不很厚重却又颇具前景,所需经费还远不及工科和医科的各门新兴文科就成了复旦的发展重心。因此,复旦大学在 20 年代初就相继设立了法政、新闻、市政、教育等科,而且还在 1929 年的院系改组中,将它们统统升格为系。实际上,虽说在 1941 年就改制为国立大学,但在 50 年代院系调整前,复旦的优势学科仍是这些应用型的社会科学。

当然,复旦有意愿和能力创立和维系新闻系科也并不等于它就必然会"以中国为立场"的新闻学为依归。而此过程中,至少有两个因素起关键作用。其一是复旦自身的历史渊源和办学传统。马相伯等创校师生原本就是为了维护国人的办学主导权,才脱离震旦而另立复旦。在此后的辛亥革命中,复旦还曾因为大部分学生投身光复而一度暂停。可以说,对于复旦,"中国立场"始终是贯彻始终的宗旨。其二则是谢六逸的态度与能力。谢六逸曾在《新闻教育的重要及其设施》(1930)一文中阐述了他认为中国高校必须创办新闻专业的理由。该文的起始部分如此陈述报纸的功能:"现代的报纸,就是人生的地理教科书,人生的历史教科书,社会教科书等。它能指导青年,它能指导成人,甚至于隐居在苋裘里的封翁,它也能暗中指导。只有无知无识的野蛮人,同它不发生关系。"②基于这些认识,谢六逸坚信,无论是针对普通学校的新闻通识教育,还是依托于"专门以上的学校"的新闻学系,都是"在我国是最切要的"③。身为大学教授,他自然更加侧重于对"大学校与专门学校的新闻系"的期待和设想。在他看来,在文学院开设新闻学系或是新闻专修科,以新闻系科的师生为中心,便能更有效地创立、维系和传递代表大学精神的"大学新闻","足以使大学活泼有生气,使全校师生亲如晤对"④。新闻学系的创立,亦可"为本国报馆培养经营人才,培养编辑人才,同时为普通学校培养新闻教育人才。

---

① 复旦大学在抗战前的社会地位以及所获赞誉,金以林在所著《近代中国大学研究》(中央文献出版社,2000 年)第二章"近代大学教育的兴起"第三节"私立大学的兴起"中叙述甚详。

② 谢六逸.新闻教育的重要及其设施[M]//黄天鹏.新闻学演讲集.上海:上海现代书局,1931:15-16.

③ 谢六逸.新闻教育的重要及其设施[M]//黄天鹏.新闻学演讲集.上海:上海现代书局,1931:20.

④ 谢六逸.新闻教育的重要及其设施[M]//黄天鹏.新闻学演讲集.上海:上海现代书局,1931:22.

使这些学子有充分的新闻学知识与技能,有正确的文艺观念,富有历史、政治、经济的知识,有指导社会的能力。"①不难看出,在他那里,新闻系科既是整合高校内部的信息枢纽,更是发挥其社会功能的重要渠道。顺着这一思路推下来,倘若没有新闻系科,乃至没有合格的"大学新闻",是否会对高校本身带来不必要的缺失?虽说在该文中,谢六逸并未对此做出正面论述,却胪列了诸多事例来间接说明。一方面,他痛陈此时的中国大学就其程度无非是"为准备留学某国之大学也","他们给予学生的知识,只有半截"②,进而质问"现在国内出版的刊物,有哪一种是大学产生出的?有哪一所大学所办的刊物,可以拿出来见世面的"③? 在另一方面,却又详尽阐述"大学新闻"在海外的繁盛以及该类刊物在哈佛、波士顿、早稻田等学校治校过程中的积极功用。④ 两相映衬之下,谢六逸实际上已经提出很清晰的路线图——有了新闻系科,高校就可能有更健全的内部运作和对外互动。

仅从逻辑上看,这个构想当然并非完全自洽。因为纵然"设立新闻系科"确实就是使高校和社会获得这些好处的充分条件,也未见得就是必要条件? 其实谢六逸自己举出的例子就可用作反证,到此时为止,哈佛、波士顿、早稻田这些名校,又有哪个设置了专门的新闻系科? 然而落实到具体的事务决策与运作,措辞和逻辑是否圆融却并不是唯一的决定因素。当事人的态度是否坚决,其影响能力的强弱,往往才是关键所在。先从态度上看,谢六逸的国族意识向来格外强烈,在稍后的1931年甚至还为此遭到鲁迅的讥讽。他既对"办学的人,因为大学毕业生还有海外可以留学,因而倚赖别人,把自己的大学因陋就简的办下去"甚为不屑,更认定"中国既有国立或私立的大学,用不着等外国人来到国内来替我们培植"⑤。那么,在完全由国人主持的复旦大学,是不是应该创立新闻系科,又是否该办得胜过"外国人来到国内"办学的圣约翰和燕京,在谢六逸看来根本就不存在任何可以商量的

---

① 谢六逸.新闻教育的重要及其设施[M]//黄天鹏.新闻学演讲集.上海:上海现代书局,1931:24.

② 谢六逸.新闻教育的重要及其设施[M]//黄天鹏.新闻学演讲集.上海:上海现代书局,1931:19-20.

③ 谢六逸.新闻教育的重要及其设施[M]//黄天鹏.新闻学演讲集.上海:上海现代书局,1931:21.

④ 谢六逸.新闻教育的重要及其设施[M]//黄天鹏.新闻学演讲集.上海:上海现代书局,1931:22.

⑤ 谢六逸.新闻教育的重要及其设施[M]//黄天鹏.新闻学演讲集.上海:上海现代书局,1931:20,24.

余地。

　　既然对新闻业和新闻教育抱有这样的期待,在这篇文章里,谢六逸对中国的报业乃至社会的批评自然相当尖锐。"就中国目前的情况说起来,理想的报纸的制作,自然是不容易的,可是能够鉴别报纸的好坏的人——就是善于看报的人也是不常有的。中国现在著名的报馆里,有许多记者连新闻价值(news value)是什么还弄不清楚"①,"再就我国阅报的人来说,有许多也是用着奇异的方法在看报,例如只翻阅本埠新闻(本埠,上海也)来看看有无强奸的新闻,就算看报的,或是只翻阅'报屁股'(好美丽的名称)也算是看报的。办报的人是十数年如一日的办下去,看报的人是永远的看'报屁股'下去,所以我国报纸的改善是遥遥无期的,而报纸的好坏也没有一个人出来说一句有批评价值的话了。如此这般,近代的报纸在中国是早已失掉了它的功能,埋没了它的使命了"②。

　　在为郭箴一所著《上海报纸改革论》(1931 年)所作的序里,谢六逸更是转述了一位"上海某大报馆的经理先生"的言行是如何地迂腐陈旧:

　　　　有一天,我和上海某大报馆的经理先生谈话,我对他说:"你们的报馆已经有五十多年的历史了。为什么老是不进步,不想改革呢?"后来他就回答我下面的一席话:"我们何必改革。因为照向来的老样子已经能够赚钱,股东们可以多分利息,报馆同人到了年终可以分得两三个月薪金的红利,也就心满意足了。说到改革二字,谈何容易呢。万一改革之后,看报的人减少了,登载的广告减少了,那岂不倒霉吗? 所以留学回来的新闻学家,我们不敢聘用。纵然聘用一两个,最高的限度是请他们在广告部办事。至于编辑部则绝对不敢任用任何一个懂得新闻学的人,因为怕他们一个不小心,要替我们报馆闯祸。现在我们的编辑部,都是在馆内做了四五十年的老先生。他们像钱庄里的学徒一样,非常忠实可靠。比方说,做钱庄学徒,从揩桌子,替师父盛饭等杂事做起,后来把珠算、挂账、看银色学会了,他们每天只知道埋头做事,做东家的乐得享福受用。假如钱庄老板请了一位美国回来的银行学博士,他硬要把中式账簿改为西式,那才要命呢。我们的报馆也和钱庄差不多。最怕的就是改革。即

<hr />

　　①　谢六逸.新闻教育的重要及其设施[M]//黄天鹏.新闻学演讲集.上海:上海现代书局,1931:15—16.

　　②　谢六逸.新闻教育的重要及其设施[M]//黄天鹏.新闻学演讲集.上海:上海现代书局,1931:17.

使要改革，也无非要多赚钱罢了。现在既然每年能够赚这么多的洋钿，还用得着改革吗？如果改革了，反而亏本，先生，你怎样呢？三一三十一，二一添作五，先生，弗是生意经呀！"[1]

不管这段对话是否"答客问"，都足以反映谢六逸对此类人物的观感以及要通过培育人才来革新上海报业的决心。论述至此，已不难看出，谢六逸对"新闻学"与"新闻教育"的认知与构想路径，其实与稍早的徐宝璜、邵飘萍那代人别无二致。

再来看分量，此时谢六逸既拥有早稻田大学的学士学位，又有在商务印书馆编译局任职的经历，更曾参与显赫一时的"文学研究会"。虽说这些资格看似与新闻教育没有直接关系，却足以让他在文教圈子颇具地位。沪上高校是在"院系调整"后，才在人文和理科上仅次于北京的。在此前，南中国的基础学科则是以南京为中心。在这样的情况下，任教甚至执掌上海的所有文科院系，对谢六逸来说都绝非高攀。因此，他在三十岁上下就先后出任暨南大学教授和中国公学文科学长，1926年甫入复旦，就被聘任为中国文学系的正教授。实际上，就在校内的地位而言，此时的谢六逸之于复旦，比当年的徐宝璜之于北大还要高出不少。本书的读者应该颇多也执教于高校，相信对这一因素在影响校务、调动资源上的分量绝不会隔膜吧。既然有心，亦复有力，在谢六逸主导下的复旦大学新闻系，在教育与研究的取向上的选择和行动力也就根本不成问题。这也就为黄天鹏进入复旦创造了可能。

黄天鹏在 1929 年撰写的《新闻运动之回顾》中，曾如此描述新闻学在中国的落地和生根：

新闻之成为一种专门学术，乃近百年事，若在我国，则仅数十年耳。有清光绪二十八年，商务印书馆刊行《新闻学》一书。为我国人知有新闻学之始，原书为日人松本君平所著，一名《新闻事业》，顾其时新闻纸尚在草创时代，新闻学自不为社会所重视，因兹弗能畅行遐迩，不久遂告绝版，然新闻学已肇其端矣。光宣之间，有志人士奋起，新闻界人才盛极一时。梁任公以一代宗师，舍政从事汇笔生涯，新闻记者之声价顿增万倍。梁于新闻学颇有心得，饮冰室文集中数见论报之作。同时报章杂志，始有探讨新闻之篇，此十数年可谓新闻运

---

① 谢六逸.谢序[M]//郭箴一.上海报纸改革论.上海：上海复旦大学新闻学会，1931：1-2.

动酝酿时期,而新会实此运动之开山祖也……改元二年广学会刊行《实用新闻学》,原书系出美人休曼手笔,史青氏翻译,出版后销行颇佳,国人于日式新闻学之外,复谂一美式之新闻方式,渐引起世人研究之兴趣,时人研讨或介绍文章,乃数见不鲜,役新闻业者,外感社会需要之殷,内惭本身组织之陋,不能不谋改良增加之策,而新闻学尚矣。殆民七蔡元培氏长北大,首设新闻学研究会,延聘新自美归之徐宝璜先生主持其事,而新闻运动芽萌矣。徐复著《新闻学大意》以诏示世人,俾学者有所适从。越年而五四运动勃兴,国内思潮澎湃,世界崭新学术,如狂风怒潮沓至纷来,新闻学至是已占有相当之位置。既而邵氏《新闻学总论》、任氏《应用新闻学》诸书陆续问世,各种刊物亦延聘专家著述,斯学之昌,遂有一日千里之势。自五四运动后,各大学计划中之新闻学系先后开办,选修学生,颇行踊跃,各校稍有规模之设备。世界新闻巨子如泰晤士报主人北岩爵士,蜜梭利大学新闻学院长咸廉博士等接踵来游,于新闻极力提倡。各地亦设新闻讲座,以资宣传,且有赴海外专治斯学者,国人对新闻学之兴趣日隆,于斯可知。故时人称为启蒙时期焉。[①]

所谓"改元",就是自清代入民国的年号更改,"改元二年"即 1913 年(民国二年)。黄天鹏在这里构造的"梁启超—徐宝璜"这个中国新闻学的"道统"固然过于简化,但这两人的地位和影响力却是无可置疑。作为徐宝璜教过的学生,黄天鹏也自然在这一谱系之内,但黄天鹏似乎并不以此为满足。颇具意味的是他恰恰是在徐宝璜去世之后,才多次彰显自己的师承关系。在 1930 年所撰的《悼徐伯轩先生》中,他谈道:"昨月予自海外归来,得先生书,殷邀北游,约诏暑西山襄助先生厘定生平之著作,覆书未发,而噩耗继至。"[②]在 1931 年与复旦新闻系学生的座谈中,他又是如此陈述自己进入新闻学科的经历:"我为什么从事新闻事业,简单说来,最初是好奇的驱使,觉得只有新闻纸才能够满足我的知的新的欲望,而引起无穷的兴趣,就决定做一个新闻记者。五四运动后,新闻事业已是划一个新的时期了,新闻学也有人出来提倡了……我在报馆中看见自己报的编制、材料、印刷纸张,和上海报差得多了,这自然是有他的缘故。又看见上海报和日本报和英文报比着,又形逊色了,这自然也有他的道理。于是我便起了研究的心情,而知道有新闻学这一门的学

---

① 黄天鹏.新闻运动之回顾[M]//黄天鹏.新闻学名论集.上海:上海联合书局,1929:3.

② 黄天鹏.悼徐伯轩先生[J].记者周报.上海,1930(6):30.

术。最初启蒙的课本是徐宝璜先生著的《新闻学》，我开始对新闻学有了模糊的印象。"①

其实从这些文字中，不难看出黄天鹏所以认定"新闻学"应该是一门学科，更多是源自个人的兴趣，而非基于对国族盛衰的忧思。因此他在描述新闻学在中国的源流脉络时，也更近于仅以报业的形态演化作为叙事的框架。就起始动机而言，这其实与早年的任白涛更为相似，更近于"在中国的新闻学"而非"中国的新闻学"。然而同样是在起步阶段，就可获资讯的多寡而言，黄天鹏又和正在早稻田求学的任白涛不可同日而语。在他那里，"最初启蒙的课本"也就只是徐宝璜的《新闻学》。

黄天鹏初读徐著是在什么时候，看到的又是哪个版本，已无从详考，但至晚也应在他 1925 年进入平民大学之前。诚如前文所述，徐著《新闻学》内容甚为齐备，又出自留美的北大教授之手，更借助北大出版社与《东方杂志》等平台迅速推广。对于此时顶多 20 岁的黄天鹏而言，这本书被奉为经典也再正常不过。更何况此后，黄氏在平民大学就读期间，还不乏亲炙的经历。于情于理，毋庸讳言，也许还有于势，徐宝璜在黄天鹏那里，就不只是业师，更是宗主。也就难怪他会在为《新闻学》1930 年的重印本所作的序言里盛赞："先生一生最大的贡献，就是提倡新闻学，在一二十年以前，新闻记者在社会上认为无聊的文人，新闻纸一般人认为遣闲的读品。先生众醉独醒，大声疾呼，以改造新闻事业为己任。于是国人始知新闻事业之价值，新闻记者乃高尚的职业。新闻界风气的转变，这是先生提倡的效果啊！"②

其实在《新闻学》中，诸如新闻价值等学理原本是依据对"吾国报业"的认知所考察出来的结果，但到了黄天鹏等学生那里就已被看作不言自明的考察框架。从这个意义上讲，很难说黄天鹏是否真对他敬仰的师尊理解透彻。其实在各个学派乃至各门学科的演化史上，这种因认结果为方法，故而自设范围的情形俯拾皆是。戴震曾说过"大国手门下不出大国手"③，倘若不嫌苛刻，确可由此透视何以在传承乃至再传之下，后学再精勤，也难追祖师的气象。但从"学科"的角度来看，这却至少能为共同体的诞生创设基本的共识。就此而言，较之英年早逝，且并未在新闻学上花多少时间的师尊，既享高龄更专致于此的黄天鹏确实是徐氏所开创的"中国新

① 黄天鹏.我从事新闻学术运动的经过[M]//黄天鹏.新闻学演讲集.上海：上海现代书局，1931：183.

② 黄天鹏.序[M]//徐宝璜.新闻学.北京：中国人民大学出版社，1994：13.

③ 段玉裁编.戴东原先生年谱[M]//（清）戴震.戴震文集.北京：中华书局，1980：249.

闻学"的守护者。

　　谢六逸虽说对新闻学和新闻教育甚为推重,但却未必对徐、黄之间的差异深有察觉。其实原本就必须得隔开足够的时间距离,才可能体察到学术路径在传承与流变中的微妙。不管是否秉持"中国立场","新闻学"毕竟是一门学科,在此时有可能延揽到复旦大学新闻系的人物里,黄天鹏不仅所学"对口"、著述最丰,而且还师承有自,自然成为首选。其实就目前能够接触的资料看,且不说即便在私立学府中,平民大学的地位也属末流,从黄天鹏1925年考入这所学校,1927年就离京南下看来,他是否毕了业也颇成问题。① 在1930年以前,他也并无在其他高校任职的经历。新闻学又怎么都算不到"国学"的范围内。纵使按照前述并不苛刻的任职条例,此时的黄天鹏担任助教都有欠资格,但他甫入复旦,就被聘为教授,而且主持新闻学研究室,谢六逸起到的作用应该非同一般。

　　在1930年,黄天鹏才25岁,而且因为还在报馆供职,他也没多少时间来授课。但在新闻学系的师生面前,他却很擅长塑造自己的学人形象。最典型的例子,莫过于与学生的三次对话。第一次发生在他的居所,时间是1931年年初,黄天鹏一开始就表示自己其实很不习惯"讲坛的生活",但"想到中国新闻教育的前途,和系主任及诸同学的热诚的相邀",才勉为其难。所以在寒假中创办"新闻学研究室",也是"希望在课外给诸位一种有力的帮助"②。在他的陈述中,"新闻学研究室"的重要,正像"大学的图书馆,或是化学系的化学实验室一样"③。在"新闻学研究室"的架构里,他又格外强调学术部的重要性,"所谓学术部,是课外的研究,或者暂时采用指导式,也有学分的。例如有人欢喜专门研究编辑或广告的一部分的,由室主任或教授来任指导,指导他怎样去研究这一门科学和研究的书籍,在研究的期间可以质疑问难,或发表他的心得。到了学期终结,报告他研究报馆的计划、经营、组织、管理等问题"④。既然要在时间规划和分工侧重上,将研究室从日常的教学中独立出来,自然需要专门的人员配置,因此黄天鹏还建议:"此外在管理上我的意思应该聘一专家来担任,主持一切。主任下并设专任管理员二人,协理庶务。其余同

---

① 按照平民大学教务处1923年所编《平民大学概观》,新闻学系是大学部文科的院系,需修满80个学分(其中64个是必修学分)才能毕业。这与当时各个高等专门学校对学分的要求相当,也就是说平大的大学部学生也得用三年时间才能完成学业。
②③④ 黄天鹏.新闻学研究室谈话[M]//黄天鹏.新闻学演讲集.上海:上海现代书局,1931:209.

学分任。"①

　　相信任教于高校的读者,已不难看出黄天鹏想把"新闻学研究室"完全做成实体机构。这样的规划能为他本人带来什么,自然不言而喻。当然,欲有所得,就往往得故作淡泊,黄天鹏在这点上也做得很到位。他甚至在案上摆放了一袭袈裟,宣称自己是"以佛家出世的精神,来干入世的事业的",而且因为"自己一件意外事情的打击",随时可能离开上海②。黄天鹏遇到了怎样的变故,现在还不得而知,但确凿无疑的是到了这年春季学期开学,他仍然是新闻学研究室的主任。在发生在此时的第二次谈话中,黄天鹏先是表扬了"在过去的一年半中,赖着系主任的擘划,诸同学的热心努力,已经筑下一个很好的基础",旋即表示如果新建的研究室能做到"设备完善,组织严密",那就能成为"研究新闻学的宝库,同时也可以做新闻界的博览馆,为本系的灵魂"③。他还提出要以它为基地,"建设新 journalism 的理论,造成新闻学的中心……上海是全国新闻事业的中心,也是新闻学术的中心 这中心点就是本校本系,我们勇敢而无疑地负起这个使命来"④。当然,他自己也将专心著述,来为此做出贡献。由此可见,黄天鹏已经打算在复旦长期兼职下去。

　　黄天鹏虽说在此前已撰写和编撰了不少新闻学的论著,甚至还发起过"新闻学"与"报学"的名目之争,但确实缺乏上乘之作。譬如前一章所引的《两个集纳学者的话》就是拿他来跟任白涛做对比,"以后,我又遇着黄天鹏先生,我说'你的新闻学论著真丰富得很'。黄说'老夫只是一个酒肉和尚,吃吃喝喝而已。写什么书,说来说去都是这么几句,但为了稿费,自然是越多越好'"⑤。这番话是否真是出自黄天鹏之口,当然难以考证,但从行文中,也不难看出他在同行之中,学术声望也就不过如此。也许正是察觉到这些批评,黄天鹏才会在 1931 年度的新闻学系毕业典礼上的讲话中寓伸于屈。他以这样的自我介绍来开头:"我是中国最初新闻教育的第一班的学生,这十年来东南西北的奔走,从最小的报馆访员,做到最大报馆的主笔,那一部分,各种苦头,我都吃过,正像一个乡下人到上海来做阿木林。"⑥须知自上

---

①　黄天鹏.新闻学研究室谈话[M]//黄天鹏.新闻学演讲集.上海:上海现代书局,1931:210.

②　黄天鹏.新闻学研究室谈话[M]//黄天鹏.新闻学演讲集.上海:上海现代书局,1931:215.

③　黄天鹏.复旦新闻学会座谈[M]//黄天鹏.新闻学演讲集.上海:上海现代书局,1931:217.

④　黄天鹏.新闻学研究室谈话[M]//黄天鹏.新闻学演讲集.上海:上海现代书局,1931:218.

⑤　两个集纳学者的话[J].文艺新闻,1932(60):5.

⑥　黄天鹏.复旦新闻学系毕业同学赠言[M]//黄天鹏.新闻学演讲集.上海:上海现代书局,1931:221.

海迅速成为中国最大的商埠以来,地域观念和乡籍认同在这里就是个颇为敏感的问题。根据下表 4-1 所示,当时复旦新闻学系的学生里,至少有 80 人籍贯在外地。这样的自我定位,当然容易唤起他们的认同。所谓“中国最初新闻教育的第一班的学生”,就更是对在座的学生彰显自己在“同类”中的特殊。铺陈过大学教育虽已结束,社会教育还刚开始;不要指望能立即改变报业的现状;要从小处做起等等常识之后,黄天鹏又对自己的经历做了这样的描述,“新闻界有一句‘兴趣的成功,就是工作最高的酬报’。这话很可咏味,我们不要太注重在金钱了。有一个时期,我很恨我不去在一个穷苦的家庭,使我自小有过穷苦的训练。例如你先前住的是平房,食的是稀饭,后来职业独立了,经济较为充裕了,住了洋房,吃起大菜自然不成问题,但若反过来那可不行了,我们压低我们的生活费,才不致受到外物的引诱”,就更有明确的针对对象。[①] 还可看到,此时在复旦研习新闻学专业的学生里,至少有 9 人在入学前已有职场经历,其中又有 2 人曾在已经关门的《市民报》供职。时至 30 年代,在各大城市,各种脑力劳动的行当都已几近饱和,新闻业的基层员工待遇更是菲薄。例如任白涛在《综合新闻学》中就曾提到广州女记者邓涧云在某家日报工作数月,结果分文未得。[②] 黄天鹏这番说辞,自然很能得到他们的共鸣。

表 4-1　1934 年前(含)复旦大学新闻学系历届学生名录及去向

| 姓名 | 籍贯 | 毕业或者入学时间 | 毕业后去向或入学前职业 |
|---|---|---|---|
| 张吾素 | 浙江余姚 | 1929 年冬季 | 巴黎大学新闻学院 |
| 项富春 | 浙江宁波 | 1929 年冬季 | 中学教员 |
| 马世淦 | 浙江绍兴 | 1929 年冬季 | 前《市民报》主笔 |
| 邓锡良 | | 1930 年夏季 | 上海《时事新报》记者 |
| 陈友德 | 四川巴县 | 1930 年夏季 | 北平《益世报》编辑 |
| 王兆元 | 江苏太仓 | 1930 年夏季 | 前《民国日报》记者 |
| 陶松琴(良鹤) | 湖南长沙 | 1930 年冬季 | 北平新生命书店 |
| 陈　鹏 | 江苏吴江 | 1930 年冬季 | 民报记者,本系教授 |
| 黄绍辕 | 广西容县 | | 前广西政治军官分校教官 |
| 沈焕宗 | 江苏宜兴 | 1930 年冬季 | 前南京《中央日报》记者,现复旦印刷所经理 |

① 黄天鹏.新闻学研究室谈话[M]//黄天鹏.新闻学演讲集.上海:上海现代书局,1931:222.
② 任白涛.综合新闻学[M].上海:上海书店,1991:518－519.

续表

| 姓名 | 籍贯 | 毕业或者入学时间 | 毕业后去向或入学前职业 |
|------|------|----------------|----------------------|
| 杨建成 | 广东大埔 | 1930 年冬季 | 南京邮业汇局职员 |
| 王德亮 | 江苏盐城 | 1930 年冬季 | 南京《中央日报》记者 |
| 杜绍文 | 广东澄海 | 1931 年夏季 | 浙江大学秘书,《东南日报》记者 |
| 郭簏一 | 湖北黄陂 | 1931 年夏季 | 上海市政府科员 |
| 黄奂若 | 上海 | 1931 年夏季 | 前远东社记者 |
| 杨寿昌 | 广东大埔 | 1931 年冬季 | 前十九路军职员 |
| 曾贯之 | 广东兴宁 | 1931 年冬季 | 《汕头日报》 |
| 曾繁岐 | 广东兴宁 | 1931 年冬季 | 兴宁县立第一中学教员 |
| 吴 庭 | 广东新会 | 1931 年冬季 | 留学法国 |
| 陆奇峰 | 广东潥阳 | 1931 年冬季 | 广西宾阳县立中学训导员 |
| 张文远 | 广东潥阳 | 1931 年冬季 | 宾阳县立中学教员 |
| 徐叔明 | 安徽秋浦 | 1931 年冬季 | 天津《大公报》驻平记者 |
| 李 兴 | 广西贵县 | 1931 年冬季 | 广西贵县中学教员 |
| 徐公远 | 广东蕉岭 | 1931 年夏季 | 中学教员 |
| 刘锡恩 | 广东 | 1931 年夏季 | 中学教员 |
| 薛 祺 | 江苏无锡 | 1932 年夏季 | 无锡苏锡中学教务主任 |
| 王伊蔚 | 福建闽侯 | 1932 年夏季 | 女声旬刊编辑主任 |
| 宋崇实 | 浙江杭县 | 1932 年夏季 | 前《市民报》总编辑,国民政府救济水灾委员会编撰 |
| 冯志翔 | 湖南长沙 | 1932 年夏季 | 中央通讯社记者 |
| 张葆奎 | 浙江吴兴 | | 申时电讯社记者 |
| 何名忠 | 广东化流 | | 留学日本 |
| 陈藻华 | 广东南流 | | 陕西盐务总局 |
| 彭昌荣 | 广东梅县 | | 《广州日报》记者 |
| 徐敬常 | 浙江长兴 | | 《晨报》记者 |
| 邵鸿达 | 浙江兰溪 | | 浙江省党部 |
| 刘厥成 | 四川仁寿 | | 未详 |
| 冯培澜 | | | |

续表

| 姓名 | 籍贯 | 毕业或者入学时间 | 毕业后去向或入学前职业 |
|---|---|---|---|
| 梁惟坑 | | | |
| 林熙灏 | | | |
| 吴钟崙 | | | |
| 伍应衡 | | | |
| 陈春华 | 广东文昌 | | 通讯处为"本校" |
| 沙凤岐 | 江苏宜兴 | | |
| 程君甫 | 浙江遂昌 | | |
| 吴　文 | 浙江黄岩 | | |
| 周立铭 | 安徽宣城 | | |
| 施　鼎 | 江苏南通 | | |
| 梁荫涛 | 广东紫金 | | |
| 郑瑞梅 | 福建仙游 | | |
| 汪远涵 | 浙江永嘉 | | |
| 顾　元 | 江苏太仓 | | |
| 黄日焰 | 广西桂平 | | |
| 凌鸿基 | 湖南长沙 | | |
| 毛家华 | 福建闽侯 | | |
| 谢小鲁 | 安徽合肥 | | |
| 盛维槑 | 安徽全椒 | | |
| 唐克明 | 江苏青浦 | | |
| 舒宗侨 | 湖北蒲圻 | | |
| 夏仁麟 | 江苏高淳 | | |
| 张居仁 | 江苏吴县 | | |
| 吴景初 | 浙江诸暨 | | |
| 王春素 | 浙江杭县 | | |
| 苏锦元 | 广西苍梧 | | |
| 张志学 | 陕西蒲城 | | |
| 吴启桢 | 广西陆川 | | |

续表

| 姓名 | 籍贯 | 毕业或者入学时间 | 毕业后去向或入学前职业 |
|------|------|------------------|------------------------|
| 陈文干 | 广西新会 | | |
| 雷警愚 | 广东台山 | | |
| 张 严 | 上海市 | | |
| 谢颖一 | 浙江余姚 | | |
| 周 铮 | 江苏丹阳 | | |
| 王允谋 | 浙江黄岩 | | |
| 金德清 | 江苏阜宁 | | |
| 蒋锦溎 | 江苏邳县 | | |
| 罗光篆 | 广东合浦 | | |
| 邓士荃 | 贵州贵阳 | | |
| 吕 志 | 贵州贵阳 | | |
| 丁伯骝 | 安徽怀宁 | | |
| 华夕生 | 江苏镇江 | | |
| 张寿椿 | 江西南城 | | |
| 黄肇基 | 广东台山 | | |
| 吴维剑 | 江苏吴县 | | |
| 汪德增 | 广东番禺 | | |
| 朱经治 | 湖南长沙 | | |
| 徐阶泰 | 江苏灌云 | | |
| 刘湘藩 | 贵州贵阳 | | |
| 刘观壁 | 湖南武冈 | | |
| 徐凌臣 | 江苏盐城 | | |
| 张冀北 | 安徽太和 | | |
| 顾遁湘 | 江苏阜宁 | | |
| 侯岳兰 | 湖北武昌 | | 通信地址为"本校" |

唐克明.新闻学期刊[M].上海:复旦大学新闻学会,1934:166—168.自陈春华开始是1934年上半年还在校的学生。

当然,黄天鹏能坐稳新闻学研究室主任的位置,最主要的原因还是谢六逸的力挺,他能借助沪上报界的充沛资源。从下表4-2可以看到1931年复旦新闻学系的师资阵容。研究室主任这个位置,对他们来说,实在是无甚可贵。但正是因为这个缘故,他们反而不会忌惮为黄天鹏提供助力。

表4-2　1934年复旦新闻学系师资情况

| 姓名 | 职务 | 聘任时间 | 1934年的本职单位、职务 |
|---|---|---|---|
| 谢六逸 | 主任兼新闻学概论通信练习教授 | 1926 | 本校教授 |
| 陶希圣 | 法律知识教授 | 1928 | 北京大学教授 |
| 樊仲云 | 时事问题教授 | 1929 | 本校教授 |
| 马崇淦 | 新闻编辑教授 | 1929 | 《申报》馆编辑 |
| 赵君豪 | 新闻编辑教授 | 1929 | 《申报》馆编辑 |
| 周孝庵 | 新闻编辑教授 | 1929 | 律师、《时事新报》主笔 |
| 章先梅 | 印刷研究教授 | 1930 | 《新闻报》馆 |
| 夏奇峰 | 欧洲新闻事业教授 | 1930 | |
| 钱伯涵 | 新闻广告教授 | 1930 | 《申报》馆 |
| 郭步陶 | 评论练习教授 | 1930 | 《新闻报》馆 |
| 黄天鹏 | 报馆管理教授 | 1930 | 《时事新报》馆 |
| 王莲魂 | 照相制版教授 | 1930 | |
| 杨炳勋 | 速记术教授 | 1930 | 上海炳勋速记学校 |
| 徐东甫(已故) | 英文新闻制稿、新闻采访教授 | 1930 | |
| 何子恒 | 舆论研究教授 | 1922 | |
| 陈万里 | 编辑实习采访实习教授 | 1934 | 上海民报馆 |

唐克明:新闻学期刊[M].上海:复旦大学新闻学会,1934:165.

## 第二节 渐成规训的新闻学理：以学生课业为考察对象

以复旦大学的平台,谢六逸在校内的威望、在报界的人脉,纵使黄天鹏的功底稍逊,也足以将新闻学研究室营造成新一代学人的批量养成场所,同时也是规训中心。最能体现这一点的,当然莫过于学生在研究中的分工以及在学理上的依归。如前所论,既是出于谢六逸的着意看重,亦复得力于黄天鹏的亦步亦趋,再加上其他教员的诸多提点,复旦的新闻学从一开始就在有意无意之间就走的是"以中国为立场"的路子。这样的根本取向也就在学生的学业中成为规训,并进一步地内化和具象为他们的研究框架。可以说,在他们那里,师门的预设以及由此衍生出的诸多论述,已是无须也不容讨论的前提。暂且不论这样的规训化写作是否有碍于弟子的自主创造,却至少为学术群体的分工合作与自身绵延创造基本的基础共识。也正是基于这些共识,在同一框架下的话题扩展才成为可能。

在笔者有限的阅读范围内,至少有三篇毕业论文被复旦大学新闻学学会以单行本印行。它们分别是陶良鹤的《最新应用新闻学》(1930 年)、郭箴一的《上海报纸改革论》(1931 年)和杜绍文(用本名超彬)的《新闻政策》(1931 年)。《最新应用新闻学》共分五章,分别是"新闻学的通论""新闻纸的研究""新闻社的组织""新闻人才的养成与待遇""最近新闻事业的趋势"。单看章节的顺序以及具体的陈述,其实相当寻常,几乎看不到什么才思纵横之处。然而恰恰就是从这样的"平庸"之作,才能清晰地看到"规训"的痕迹。先来看何以会以"新闻学"为志业,据陶良鹤的自叙,他"从来对于新闻纸就有一种特殊的爱好,所以对于新闻学一门也引起了特殊的兴趣。在中学时代就存了一个做新闻记者的念头,到大学就决然地进了新闻系了"[①]。从入行的取向来看,陶良鹤就与黄天鹏相当相似。再来看写作和出版的动因,"不过承师友的指导切磋,在报馆里的实习经验,也有很多可说的。就大胆把我的研究和经验,写成这本小册子作为新闻学士的论文,并且印出来留一个永久的纪念"[②]。与前揭的前辈学者相比,不难看出这篇论文为的是完成学业,并没有多少为救济国族而著述的味道。从这个意义上讲,"新闻学"在陶良鹤那里,首先是成

---

①② 陶良鹤.自序[M]//陶良鹤.最新应用新闻学.上海：上海复旦大学新闻学会,1931:7.

为"学士"的途径。

正是因为首先是在作论文,而非"导正",陶良鹤就不是以对"吾国报业"的认知为起点,而是径直以既成的学理为入手的框架。在自序中,他如此陈述这门学科的历史,"新闻学是现代一种新兴的学科,在欧美也不过数十年的历史,但它的科学的基础的完成,却是很迅速的。在一二十年前大家还抱着怀疑的态度,新闻也有学吗?新闻记者能够写得来就行了,这种话我们是常常听着的。但是现在大家都觉悟了新闻不单成为专门的科学,而且要学的,于是新闻教育便兴起来了,新闻学的著述也有好几本出世了"[1]。这段话看似平常,但在叙述的基调和时间上颇有意味。首先,在"一二十年"间,新闻有学成为人们的共识,这样的想象图景几乎是黄天鹏对徐宝璜悼文的翻版。其次,在陶的描述中,到了1930年,"新闻学的著述"是有且仅有"好几本",这与实际情形当然不符。照说既然是要做学位论文,起码应当熟悉文献。陶良鹤为何会在这个关键环节出现明显的错误?进而言之,如果在他的所知范围内,的确就只有那么"好几本"?他的所知范围,又是被什么因素所框定?其实,从黄天鹏为《最新应用新闻学》所做的序言,已能基本猜到其中的答案:"我在未到复旦授课之前,陶君慕名来访,少年厉进的精神,活泼灵敏的丰度,确是一个外交记者的良才。半年来时常的晤面,知道他不单秉有先天的聪敏,而且有充分的学养。"[2]也就是说,陶良鹤对"新闻学"的了解,其实是以黄天鹏为途径,而在选择的过程中自然也就趋从黄的选择标准。甚至连这篇论文的选题,都可能出于黄天鹏的有意引导,"我每想另外写一本简要而切于应用的小册子供给一般有志于改革报业者的参考。但因为自己担任的事务太多了,到现在还没有空间来着笔。恰好陶良鹤君做了一部《最新应用新闻学》,请我替他做一篇序,我读完了就把原先的计划取消了"[3]。在黄天鹏为新闻系学生开列的书单里,中国的新闻学书籍也为数不多。用他自己的话来说,"总计这一二十年来,不过二十多种,而经我手编撰的却有十多种,内容可视的实在可少了"[4]。

既然对新闻学的认知深受黄天鹏的影响,陶良鹤对学理框架的选择自然就是以黄天鹏为中介,以徐宝璜为当然的依归。最明显的证据,莫过于他对"新闻"下定

---

① 陶良鹤.自序[M]//陶良鹤.最新应用新闻学.上海:上海复旦大学新闻学会,1931:8.

②③ 黄天鹏.黄序[M]//陶良鹤.最新应用新闻学.上海:上海复旦大学新闻学会,1931:5.

④ 黄天鹏.新闻讲话[M]//黄天鹏.新闻学演讲集.上海:上海现代书局,1931:179.

义时，直接拿徐宝璜来作为"我国学者的代表"①，"他徐宝璜在〈新闻学〉上说：新闻者，乃多数阅者所注意之最近事实也。他复以说明：（一）新闻为事实。（二）新闻为最近事实。（三）新闻为阅者所注意之最近事实。（四）新闻为多数阅者注意之最近事实。由上列数点可以看出新闻构成的本质来。"②值得注意的是，陶良鹤在如此归纳徐宝璜的观点时，却抽掉了《新闻学》的案例，这也就意味着，在他那里，徐宝璜的论述本身就是必须重视的知识，根本无须从它们对现实的诠释力度中去检验是否正确。当然，陶良鹤对新闻给出的定义，"新闻者，以最敏捷给予最多数人有兴味的一切事实之谓"，这个定义最注意的是新闻的"兴味'interest'"，似乎与徐宝璜不尽相同③。但其中的理由也仅是在他看来，从徐的阐述虽说"可以看出新闻构成的本质"，"不过近来又加上了二个附件，这种新闻写到新闻纸上来，应该有兴味的，而同时又合乎伦理的观念"④。所谓"近来"，只不过强调这些"附件"在徐宝璜撰写《新闻学》的时候还并不显著。这种"加上"的方式看似要有所创新，但这样的创新，却是以对徐宝璜的观点照单全收为前提，在学理的脉络上完全甘居《新闻学》的下游。既然在最根本的问题上如此宗奉明确，也就难怪在黄天鹏看来，"陶君的新著句句先得我心，确是一本最新而且切于应用的新闻学的著作了"⑤。

较之《最新应用新闻学》，1931年度的两篇（以下简称为"杜著"和"郭著"）在水准上要高出许多。但从它们的选题、论述以及最终提出的方案来看，却在"接着讲"的程度上都如出一辙。首先来看选题的确定。杜绍文将何以要研究"新闻政策"，交代得相当清楚，他在绪论中写道："本校新闻学系主任谢六逸先生有见及此，故命余对于'新闻政策'一门，加以探讨。"⑥在后记中又提及："新闻学专家如谢六逸、黄天鹏诸师语余谓自新闻学者之观点立场，雅不愿为人寰谋福利之新闻事业，而有其诡谲之政策：然大势所趋，迫今日已不能不对新闻政策，寄其严密之注意力。"⑦从这两段话里，不难看出，不仅是命题作文，而且还被规定了根本的基调。郭著虽说没有正式的自序，但正如前文所论，至晚到1930年，谢六逸对上海报业现状的反感

①② 陶良鹤.最新应用新闻学[M].上海：上海复旦大学新闻学会，1931：18.

③ 陶良鹤.最新应用新闻学[M].上海：上海复旦大学新闻学会，1931：13.

④ 陶良鹤.最新应用新闻学[M].上海：上海复旦大学新闻学会，1931：19.

⑤ 黄天鹏.黄序[M]//陶良鹤.最新应用新闻学.上海：上海复旦大学新闻学会，1931：5.

⑥ 杜超彬.新闻政策[M].上海：复旦大学新闻学会，1931：3.该书有谢六逸、戈公振、黄天鹏、杜氏本人四篇序言、目录、正文均单独编页.

⑦ 杜超彬.新闻政策[M].上海：复旦大学新闻学会，1931：152.

已表露无遗,也就不能排除郭著的选题与此没有直接关系。实际上,仅就对相关文献的熟悉程度而言,谢六逸对这些问题就未见得了解充分。在他为杜著所作的序中,开篇就说:"'新闻政策'在国内向来没有听着人提起过,杜绍文君的这本著作,可说是'破天荒'了。"①但至少在 1919 年的《新闻学》里,徐宝璜就曾有所论及。在这里,学术规训中的权力效应可以说展现得相当分明。

此外还值得注意的是两著之间的呼应和对经典作家的回应。虽说关注的是不同对象,但两人给出的答案却都包括"提倡新闻教育"和"组织代表国家之通讯社"。尤其是在"组织代表国家之通讯社"这一方面,显然都受戈公振的影响。虽说根据现已公开的材料,还无法判断戈公振是否在复旦授过课,但他却至少在两次座谈中为复旦学子勾画出中国报业的当下亟须和未来展望。第一次发生在 1930 年,被王德亮记录下来后,取名为"新闻学泛论"。在这篇讲稿里,戈公振很坦率地承认,"各人职业之不同,观察报纸的眼光,亦因之而异,所以新闻学的释义,也议论纷纭,莫衷一是",因此他也并未试图将新闻讲得头头是道,而是径直挑出他认为在当下尤其注意的方面——宣传,"现代之宣传工作,重要实倍于往昔。宣传二字,在从前教会时代,本来是宣传教义,反对异教。到了现在,宣传几认为立国所不可少的要件","欧战以后,各国俱欲广事宣传,因为新闻学的研究,也就风起云涌,盛极一时"②。沿着这个标准,他对"中国向来之消息,不能出国门一步"非常痛惜,并建议"将来我国急须组织一完备之通讯社,与英美日德诸国互相联络互相传播"③。而在此前的 1929 年,戈公振已对设立"一个代表性通信社"给出初步的路线图。④对此,郭著明确给出出处,杜著则将戈公振提出的四步方略拓展成六步。再如,郭著中不仅提到改革报纸应"突破新闻政策之束缚",对"新闻政策"的源流叙述也与杜著几近相同。此外,两著分别引用密苏里新闻学院院长老威廉的论述三次和四次。甚至杜著倡导的"新闻均益政策"和郭著提出的"新闻事业社会化"的表述颇为类似,更与戈公振另一次座谈里提到的"眼前的资本主义,行将沦于崩溃之域,代替而兴起者为团体化,报纸亦不能例外"在倾向上完全相同。⑤杜著定稿于该年的 3 月 19

---

① 谢六逸.谢序[M]//杜超彬.新闻政策.上海:复旦大学新闻学会,1931:1.

②③ 戈公振.新闻学泛论[M]//黄天鹏.新闻学演讲集.上海:上海现代书局,1931:2.

④ 戈公振.一个代表性通信社[M]//黄天鹏.新闻学名论集.上海:上海光华书局,1929:40.

⑤ 戈公振.报纸的将来[M]//黄天鹏.新闻学演讲集.上海:上海现代书局,1931:69.

日,郭著则完成于 3 月 28 日,时间亦复相近。[①] 就此看来,郭、杜二人在分别写作的过程中,应当受到相近的指导,或互相有所印证。

除了这三部著作,复旦新闻学会还于 1934 年推出《新闻学期刊》,编辑和出版完全由唐克明等新闻学会执委完成。这部文集汇集了会员(当然,也都是复旦学子)的 30 篇研究论文。按照编委会的说法,在“现在中国谈不到所谓新闻学术的时代,仅仅以四五十位同学的努力,而有这样的表现,我们虽并不以为自满,然而也足以自慰了”[②]。实际上,从被收录的报告中,也许更能看到取向和路径的规训,是如何日常化、群体性地在年轻学子那里刻下印痕。

较之陶良鹤的自述,谢小鲁(1932 级)对自己与新闻学的结缘过程描述要完整得多,从中更能管窥他这个世代从知道新闻学这一名目到对其产生想象,乃至投身这个学科的路径。

七年前,我在故乡学校初中二年级读书那时候,父亲有位朋友创办一种报纸,每星期父亲要为他尽义务作两三篇社评送去登载。当我在那报上拜读了父亲的文字,就引起我无限的倾慕,能把自己的文章发表在报上给大众阅读,这总是件得意的事吧? 我这样想。

偶尔有一次,父亲从报馆里拿来《实际应用新闻学》(邵飘萍著)这样一本书,照情理讲,一个初中学生绝不会摸到它的,即使翻开阅读的话,当然也不会感兴趣。然而它却深深地吸住了我,使我愈读愈觉有味,真有不忍释手之概! 由是,新闻学三个字就开始印入我底脑海中,而研究的动机也就轻轻地触发了。由父亲的口中,知道该书著者邵飘萍先生是怎样一个英明干练的新闻记者,后来竟得了那样惨痛的结局……是初次给我那充满热望的幼稚的心的一个恶劣的印象。可是,当时我倒没有丝毫畏惧的心理,而且由追念邵氏,引起同情,反而更坚定了我底决心和增加前进的勇气。

这里,我不妨把那天一段日记照原文录下:

父亲见我喜读新闻学,乃告我著者邵飘萍先生,少年英伟,才大学广,在彼时报界中甚有名气! 不幸竟为国贼张宗昌所枪决,呜呼惜哉! 伏思全国报界

---

① 杜、郭两著的成文日期分别自署为“民国二十年三月十九日”和“民国十九年三月二十八日”,但从就读届数看来,应该是郭在此笔误。

② 唐克明.编后[M]//唐克明.新闻学期刊.上海:复旦大学新闻学会,1934:163.

应一致起来与恶势力奋斗！谁谓枪杆比笔头利害，但若果能使人民觉醒，则恶势力终有被推翻之一日也！礽固不敏，愿为后盾！

由这段日记里，可以看出来我当时的心境是怎样愤慨了！从此，我天天要阅报纸，在学校时，每天总有一小时以上消费在阅报室。暑期回家来，家里只订有一份《申报》，还要每天跑到离我家约有两里路的一个民众阅报室去看个饱。次年，就是初中临毕业的那一年，我的创作欲与发表欲十分强烈，不管自己能力怎样，就开始来做投稿的尝试。

始初向本地报纸投了几次，结果总是失败，虽则不免有些失望，但也倒不灰心。后来不改变方针，投入本校校刊，果得如愿以偿。最先是两首新诗，接着又发表一篇论文，记得题目是"怎样才算是真服从"，这篇文章当由训导先生在纪念周上特地提出来口头嘉奖。弄得我胆子壮了，再作投稿报纸的尝试，"有志者，事竟成"最后终能达到目的了。升入高中后，我单为一家报馆担任学校方面的采访记者。这样一面努力写作，一面购来大批新闻学专书加以研究。于是，兴趣越是浓厚，而研究的兴趣也就愈形坚固了！

很幸运地，两年前我已经跨进这巍峨学府中，在诸位先生和同学们的指导之下，现在致力于新闻的研究和实习。今后我要注意道德的修养与意志的锻炼，这是一切做人的基础，也是最难达到完善地步的一个重要关键，尤其是我们预备从事新闻事业的人，更有予以特别重视的必要。[①]

虽说该篇文字是事后的追忆，但至少可以表明，在1934年，谢小鲁是这样来回顾自己的心路历程。若与前文对前辈学者的分析相对比，不难看出，这个新生世代有以下多方面的差异。第一，谢小鲁最先接触到的就已经是经过国人思考、建构和撰写的新闻学著作。从这个意义上讲，他一开始所受的，就不只是新闻学，而是"中国新闻学"的影响。或者更确切地说，"中国新闻学"对他而言，已不再只是一种可能，而是实实在在的知识体系。第二，正是因为是从著述而非现实来认知"新闻学"，"经典作家"及其著述在他那里也就并非被评判的对象，而是被接受的信仰。这样的兴趣生成，也就直接地引导着他将"新闻学"设定为自己的阅读范围。自然，以这样的兴趣来引导阅读，哪怕就是学有根底的成年人，也往往会因为专注知识而

①　谢小鲁.我与新闻学发生关系之前后[M]//唐克明.新闻学期刊.上海：上海复旦大学新闻学会,1934:94—95.

悬置其生成的语境和路径。但对于一家学说,乃至一门学问,来讲,这恰恰就是它超越生成的情境,被作为理念和范式被扩散和接受的有效途径。"大批新闻学专书"居然能被中学生自认看得懂,就学科的成熟度而言,肯定不是什么光彩。但这正好就造成了只要有心于此就不愁在资质和学力上没有成批可用的后学新进。第三,虽说邵飘萍的行动和遇难都有相当复杂的背景。然而当他以"名记者+作者"的身份显现在公众和读者面前的时候,却又自然而然地被想象为单一的向度,他的遇难也为其著作添加了神圣的色彩。从这里,也许就可理解,为何在邵飘萍身后,如包天笑等曾与他有过密切交往的人物,对他的描述褒贬互见,但在和他全无师承关系的后辈学人那里,其形象反而愈发高大。从这个意义上讲,邵飘萍与《实际应用新闻学》可以说是书因人名而人因书重。第四,因为上述缘故,对谢小鲁而言,"新闻学"已经不是基于现实动因要去构建的"话题",而是基于对它整体上的信仰而被皈依的"志业"。这就使得像他这样的年轻世代,一旦接触到"本学科"的系统规训,也就不会对它产生任何的思索,而是带着虔诚和敬仰而照单全收。从这个意义上讲,包括新闻学在内的各门现代学科,虽说作为学问,本身多是"祛魅"的产物,但当它形成系统和脉络,尤其是承载了学术的权力后,却又往往成为新的被崇拜的对象。其实,学科也好,方法也好,学者也罢,在学界中俯拾皆是的"粉丝"现象不正是这种"复魅"化的体现?

既然对新闻学,更确切地说,是对复旦所传承的"中国新闻学",抱有不假思索的认同,在此框架下,按着讲和分头做都何足为奇?沿着这个线索去观照,无论是怎样来细化、"深入"地讨论有关"新闻"或是"报业"的问题,甚至由此延展开去,来透视它们与"社会"的关系,其实都是这个学术脉络的再生产。譬如唐克明在《近代美英新闻事业》中,所以会认定1890年以后新闻纸才逐渐"近代化",是因为在他看来,从这年开始,"世界进入机器的时代,各种机器的发明,使交通机关日臻方便,生活程度日形提高","所以本文以此两国为对象,加以扼要的叙述,给落后的本国新闻世界作为参考"①。相信读者应该没那么快忘记当年徐宝璜是如何将"教育发达之国"来作为"吾国报业"的标杆。再如沙凤岐在《报纸与社会》中,诚然想展示"报纸是包罗万象,犹如社会的一个缩影",但在展开论述的时候,却是以"报馆在其中

---

① 唐克明.近代英美新闻事业[M]//唐克明.新闻学期刊.上海:上海复旦大学新闻学会,1934:94—95.

做一种精神的交通机关而已"作为总纲①。从对"交通机关"的认定来看,显然受到戈公振的影响。也正因为对他来说,这是不言自明的前提,所以才会在这个基础上,试图把"交通"的过程说得更加具体,"新闻记者用尽种种的方法,采访社会上一切形形色色有新闻价值的事情,经过报馆的编辑和印刷,刊成报纸,再由报贩递送给社会人士阅读。所以报纸的过程是与社会循环的;不过报馆在其中做一种精神的交通机关而已"②。

　　笔者曾以在"经典作家"和"另类作家"之间彼此的引证程度甚低作为他们在构造不同学理的证据。而在复旦新闻学会的课业论文,尤其是从理论框架观照现实问题的篇目中,对本学科的著述的引用却相当普遍。例如唐克明在《新闻学之理论与实用》中引用吴晓芝、王文萱、黄天鹏;吴雄剑在《今日的中国新闻纸》中更是从观点到案例引用郭步陶、潘公弼、周孝庵、东生、郑振铎、黄粱梦。③黄粱梦就是黄天鹏的笔名,其中至少有三位是复旦的授课教师,学有所宗的痕迹可谓相当明显。由此可见,在当时的复旦新闻系,学术研究确已初步形成规训与协作。从这个意义上讲,这应当是"中国新闻学"第一个严格的学术共同体。

　　正如前文论及任白涛时提及,籍籍无名的新人要出版著作谈何容易。这些课业的迅速出版,自然体现其师长的认可与嘉许。而在认可和嘉许中,当然包含着对其学术立场的肯定。在为杜著所作的序里,黄天鹏把话说得相当直白:"本年毕业同学杜绍文君著有《新闻政策》,郭箴一女士著有《上海报纸改革论》,这都是中国新闻界眼前所最需要的工作;而'新闻政策'尤具有国际上政治上外交上的意义。"④基于这样的培育业绩,他也就更有底气认定中国的新闻学研究和教育已经道脉南传,"中国新闻教育的运动,虽然有了十数年的历史。但新闻教育的建设,却到了几年前复旦大学创办新闻学系才开始"⑤,"今基础既固,此后为如何发扬光大之问题。对内充实巩固此初基,对外督促新闻业之改革"⑥。虽说此时黄天鹏才 26 岁,却已以"识途老马"自居,期待诸位"新马"开创新时代的新学术了。⑦且不论是否言之过

---

　　①　沙凤岐.报纸与社会[M]//唐克明.新闻学期刊.上海:上海复旦大学新闻学会,1934:88.

　　②　沙凤岐.报纸与社会[M]//唐克明.新闻学期刊.上海:上海复旦大学新闻学会,1934:89.

　　③　吴雄剑.今日的中国新闻纸[M]//唐克明.新闻学期刊.上海:上海复旦大学新闻学会,1934:66.

　　④⑤　黄天鹏.黄序[M]//杜超彬.新闻政策.上海:上海复旦大学新闻学会,1931:1.

　　⑥⑦　黄天鹏.黄序[M]//郭箴一.上海报纸改革论.上海:上海复旦大学新闻学会,1931:3—4.

甚,其中蕴含的自信也的确为初创的学术群体乃至学科所必需。

　　如果不是要刻意做传,论述至此,已不难看出,虽说在 1930 年代初的中国新闻学界,无论复旦大学的新闻学系还是"以黄天鹏为中介的徐宝璜＋亲身说法的戈公振＋被塑造成志士的邵飘萍"这个谱系想象,其实都未见得就是命定的主流正脉,两者的结合更是受诸多偶然的促动。复旦大学及其新闻学系,在"国人所办"的高校和系科中的显赫地位和历史悠长,为这样的学术脉络赋予了先天的正当性,更为它的薪火相传提供了根本的保障。在从复数的"中国新闻学"到规制的中国新闻学的转化过程中,早期的复旦群体的确作用良大。也许从这个角度,才能更入情境地理解为何复旦从来都被称为中国新闻学的圣地。

　　其实除了"学科"的内化,黄天鹏与比他更晚近的世代,还有一层更为根本的共识,那就是,至少在"九一八"以前,在学人乃至国人的局势认知中,中国的国势与地位虽与其疆域、人口、历史并不匹配,基本的国家安全却可保障,而且在图强的方面大有可为。因此,虽说要为国族而治学,当下却可暂且从容论道。因此才会出现从徐宝璜到黄天鹏,再到杜、郭这三个世代之间,"中国新闻学"在传承中的流变。具体而言,虽说都是以"中国"为立场,但是到了黄天鹏及其学生那里,"新闻学"的学理已俨然不言自明,"中国"是基于"新闻学"视野而被建构,而不是像徐宝璜等人那样,是以对"中国"的认识来建构"新闻学"。可以想见,如果"九一八"之前的局势和国人的认知一直延续下去而不是被陡然打破,也许随着社会与报业的进展,"中国立场的新闻学"也未必不会逐渐在继续的传承中逐渐演化为"以中国为对象的新闻学"。

第五章

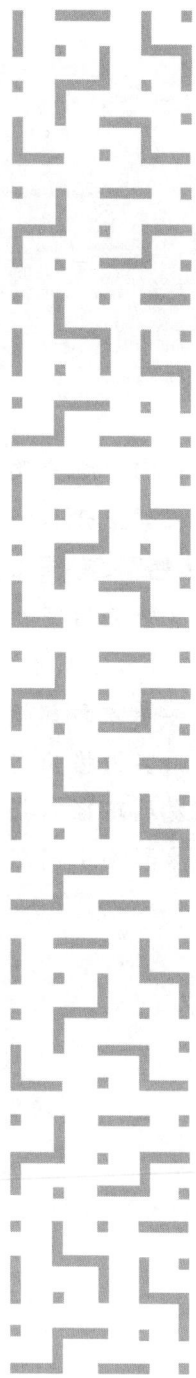

新的中国新闻学

——基于对『新中国』的愿景

在第二章里,我们曾经论及在"欧战"之后,"西方即文明"的观念在国人那里开始消解。到了30年代,随着局势演化,这一"祛魅"又有深化。战后的欧洲始终问题丛生,美国也在极度繁荣后突然成为世界大萧条的策源地;与之形成鲜明对比,苏联不仅成功地稳固了政权,在经济建设、民生改善等方面都颇见成效。既然"世界"的构成已经发生变化,实力格局更此消彼长。在这种情势下,知识界对中国发展路径的判断乃至共识自然会受深刻的影响,这也当然影响中国新闻学的走向。

# 第一节 作为愿景的"新中国"和"未来的中国报业"

郑大华、谭庆辉曾对《东方杂志》《独立评论》《申报月刊》《读书杂志》《大公报》等所刊文章进行定量统计，据此详尽描述了 20 世纪 30 年代初中国知识界的社会主义思潮。笔者沿着此线索，细读了他们所举的《新年的梦想》(《东方杂志》第 30 卷第 1 号，1933 年)。从整体倾向上看，的确如其所认为的那样，"就中国发展道路而言，梦想未来中国为没有阶级压迫、消除贫富差别、废除私有制度的社会主义社会的就有 20 多篇，而明确主张走资本主义道路的则寥寥无几。这是 30 年代初期知识界一次较为全面、真实的民意调查，客观地反映了知识界关于立国方略的思想取向"[①]。例如，周伯棣(大阪商科大学学生)就认为，"现阶段的资本主义时代未必便不适合于未来的新的时代——反面即适于资本主义的民族便未必适于未来的新时代，而能永久维持其繁荣"。郁达夫则就产权着眼，认为"将来的中国，可以没有阶级没有争夺，没有物质上的压迫，人人都没有而且可以不要'私有财产'，至于无可奈何的特殊天才，也必须是他能成为公共的享有物"。查士元(翻译家)的描述就更加感性化，"国家政府譬如是一个管收发的，未来的中国的政府，是客观的，是没有主观也不受任何思想之反对任何感情之激励。有这样一个健全的社会对资本主义，当然是一个不接受对帝国主义，当然是一个不屈服"。严灵峰(《读书杂志》特约撰述员)则从可能造成的社会结果来圈定何谓"资本主义"："在最近的将来中国社会内部的生产力——尤其是资本主义经济将在相当时期之内，有若干限度的发展。这种发展必然要依靠外资的加入，至于结果，将使中国更加屈服于帝国主义的铁蹄之下。"邹韬奋则侧重社会分配的结果："我所梦想的未来中国，是个共劳共享的平等的社会。没有帝国主义，没有军阀，没有官僚，没有资本家，没有男盗，没有女娼。"张宝星(读者)的理解，其实更近于早年的空想社会主义："在实行如右的计划的初期，货币仍是免不了要使用的，但到了一定的阶级，即经济组织完全社会主义

---

[①] 郑大华，谭庆辉.20 世纪 30 年代初中国知识界的社会主义思潮[J].近代史研究，2008(3):44—58.

化,货币便自然会消灭的。"①仅从以上所列,已能看到,虽说具体的理解未尽相同,但他们已经很熟练地用"资本主义"和"社会主义"的对举来作为阐述见解的基本语汇,而且在两者之间,对前者的厌恶更是共识。

　　既然国人对"世界"和"文明"的认知发生如此显著的变化,报人对"吾国报业"的道路设想自也不能例外。一战以后,北岩(Northcliffe Lord)等世界级的报业巨头相继来华,戈公振、成舍我、邹韬奋等人也因为各种原因具备了不短的海外亲历,因此中国报人就有了更多的机会直接乃至在地观察西国同行。虽说在器物层面,仍不得不承认别人远为领先,但在制度架构上,西方报业,尤其是新闻机构的生产关系,却越来越被中国报人认定还存在严重不足。例如张友渔于1932年考察日本报业后,就认为在这个"新兴的资本主义国家",新闻业"或为资本主义的近代企业,或为资本家支配下的商业","一方面,新闻事业的经营者为资本家,一方面,新闻事业之维持者亦为资本家,结果新闻事业之目的在营利,大则为近代的企业,小则为普通的商业,而资本主义下的企业或商业,必然走入集中或集合的一途,新闻事业之将来,也不免大者吞并小者,或小者联合为'托拉斯'之形式,独立的小报馆,只有没落"②。如果说原本就是地下党员的张友渔可能先有预判,本身就是报社老板的成舍我在1931年游历欧美之后的观感也许更具代表性。他很直率地揭明"现在全世界的报纸,普遍地,被压迫屈服于许多时代巨魔——资本主义和独裁统治——的淫威下,真正代表大众利益的报纸,即百不获一",'新闻商业化'所以就成为世界上各种最严重问题之一"③。1935年,成舍我在《立报》发刊词中再次强调,"我们所标举的'大众化',与资本国家报纸的大众化,却实有绝对的差异"④。不管成舍我本人的说与做之间存在多大差别,至少可以说明,在30年代的报界,对源自西方的"资本主义""营业主义"的反感颇成共识。再如胡政之在同一时期认为,抱定"新闻事业应该为国家公器,新闻记者应为社会服务"的宗旨,就不免"感觉到世界上许多新闻纸,都叫人不满意,从前的报纸,往往好带政治上党派色彩,近来的报纸

---

①　东方杂志编辑部:新年的梦想[J].东方杂志.1933,30(1):3—37.

②　张友渔.日本新闻事业概观[M]//燕京大学新闻学系.新闻学研究.上海:良友出版公司,1932:4—5.

③　成舍我.中国报纸之将来[M]//燕京大学新闻学系:新闻学研究.上海:良友出版公司,1932:3.

④　成舍我.上海《立报》发刊词[M]//刘家林,等.成舍我新闻学术论著:上册.广州:暨南大学出版社,2012:99.

又大抵过于商业化,这都是不对的"①。由此可见,在此时的中国报人心中,全然"资本主义"化,因而过度"营业化"的西国报业,在根本上已不是必须全面仿效的"先进"。

　　然而,中国报业的"幼稚"却仍是事实,它又将如何成长?既然不再把西方看作毫无疑问的彼岸,那么往后看,自身的经历,作为经验也就不见得全无可取;往前看,中国报业也未必不能为世界报业开辟新的局面。"往后看"的典型当属戈公振,他要从历史书写中为中国报业找回失落的优良传统。"往前看"则更基于对未来的"新中国"的期盼。譬如徐宝璜于 1930 年刊发的《新闻事业之将来》中,认定新闻事业将来会出现"报纸之公共化""报纸之商业化""新闻之事实化""广告之艺术化"四种趋势,"此四种化者,盖即新闻事业进步之预征也"②。被放在首位的"报纸之公共化",即"夙昔执新闻业者,辄以新闻纸为其个人私产,此殊失当,夫吾侪献身于社会时,即当视此身为社会所有,遑论其所执业"③。换言之,在此时的他看来,这是报纸能被社会容纳的前提条件。

　　在成舍我的《将来中国之报纸》(1932 年)中,这种对"未来的中国报业"乃至"未来的中国"的愿景规划展示得相当完整。在此时的他看来,根本无须担心"未来的中国"能否为报业提供规模扩张和技术更新的物质基础,因为"将来的三五十年中,难道中国还会像现今这样的产业落后"④。基于这样的评估,他甚至认为将来总部设在北平的报纸,"每晨六时,可以将他总馆所出的正张,连同当地出版的副张,用飞机运送,使在天津、济南、保定、郑州、开封、察哈尔、绥远以及其他各地的读者,于每晨七八时前,完全接到"⑤。正如上文提及的那样,唯一令他担心的,只是"将来的中国报业"重蹈欧美被资本化和垄断化的覆辙,因为随着产业和交通,以及文教水准的发达,在将来的中国势必会出现发行量以百万计的大报,成舍我才会格外强调在制度规范上预先防范,要保证未来的中国报纸"应该受民众和读者的控制","它的主权,应该为全体工作人员,无论知识劳动或筋肉劳动者所共有。报业在

---

　　① 胡政之.我的理想中之新闻事业[M]//燕京大学新闻学系.新闻学研究.上海:良友出版公司,1932:1.

　　②③ 徐宝璜.新闻事业之将来[M]//徐宝璜.新闻学.北京:中国人民大学出版社,1994:127.

　　④ 成舍我.中国报纸之将来[M]//燕京大学新闻学系.新闻学研究.上海:良友出版公司,1932:16.

　　⑤ 成舍我.中国报纸之将来[M]//燕京大学新闻学系.新闻学研究.上海:良友出版公司,1932:23.

营业方面虽然还可以商业化，但编辑方面，却应该绝对独立，不受'商业化'任何丝毫的影响"。[①]

不难看出，无论是回顾还是前瞻，戈公振、徐宝璜、成舍我对"理想"报业的描述都以所有权的归属为核心，围绕报纸如何履行对公众与社会的职责，关心产业扩张的同时不与欧美新闻业落入同样的命运。在某种程度上，这还不只是为中国报业寻路。正如成舍我所说"我们并不想跟在他们的后面去追逐，而是要站在他们的前面来矫正"，要为"世界"报业的"将来"开出新路。[②] 在全面抗战爆发以前，国家的经济、交通建设、国民的文教水准的确明显提高。纵观此时国人各界各派，这种既以"世界"的眼光和视野来定位自身，又不甘居人后，在"世界"范围内，不仅要广闻博采，还要有所创制，敢为人先的自信，所在多有。可以说，此时中国报人的探索和践行与国民政府宣称要由训政开出宪政，中国共产党试图以农村包围城市夺取全国胜利，中研院史语所要确立"东方学之正统"，乃至卢作孚等人对新型劳资关系的试验等诸多同时期的新生事物，都可以看作这种时代气象的具象体征。

从甲午以前到 20 世纪 30 年代，西方报业在国人心中的形象屡经演化，从"异域里的他者"，到"彼岸上的先进"，再到"超越中的对象"，其间的认知基点却都是国人对"西方"的整体想象。自然，从逻辑上看，这种始终基于"我者"的认知取向的确会导致认识的碎片化，因此未必能真正把握对方的整体面貌和演化脉络。然而，从认知本身亦是过程而言，不先从片段积累则无以见整体。事实上，不止报人，国人也在这样的以"西国"为中心的"域外"逐步具象化地融进自身观照视野的过程中，其对"世界"的观念从无到有，又由模糊到清晰。从这个角度看，这也正是国人从认识"世界"到进入"世界"，进而参与"世界"的一桩个案。

## 第二节　战时新闻学：以"抗战建国"为依归

1937 年 7 月，全面抗战突然爆发。虽说中日之间必有大战已是举国共识，甚

---

① 成舍我.中国报纸之将来[M]//燕京大学新闻学系.新闻学研究.上海：良友出版公司，1932：10.

② 成舍我.上海《立报》发刊词[M]//刘家林，等.成舍我新闻学术论著：上册.广州：暨南大学出版社，2012：100.

至战争在宏观上将如何展开,中国当如何应对,已早被蒋百里这样的有识之士大致料中。中国也为应战进行了相当程度的准备,战略上也已将战线由南北化为东西,实际出现的困难却超过预料。在抗战的防御阶段,中国报业饱受重创。据国民党中宣部和内政部的统计,在开战一年多后,原有的 1 014 种报纸中有 600 种左右不复存在。[①] 另据《战时记者》杂志于 1939 年 4 月发布的统计数据,仅在南京、江苏、北平等 12 省市,就有 209 家报刊被完全摧毁。[②] 但从另外一方面来看,对于中国而言,首次被卷入真正的现代化总体战是整合举国之力,重塑社会组织形态的契机。从这个意义上讲,"建国"也确实可以说是全民抗战的另一面相。[③] 当然,虽说以"抗战"来"建国"是举国共识,究竟要建立的是怎样的"新中国",各阶层、各党派、各类人物对此的图景构想与路径设计未必一致,这也当然会体现在他们对报刊、报业与国族、社会关系的思考中。因此,在抗战期间,同样是以应对抗战、建立新中国为愿景,被构造出来的"战时新闻学"在起点和展开上也未尽相同。

1939 年 5 月 5 日,《大公报》香港版刊出张季鸾所撰社评《抗战与报人》,该文提出报人当下应从"自由职业者"转变为"严格受政府统制的公共宣传机关"[④]。此时的《大公报》与张季鸾俨然民营报业的代表。虽说其报其人与最高当局早就关系匪浅,此前却始终保持独立姿态。因此,除开当时产生的影响,在后世的相关研究中,对此番观点的探讨亦所在多有。它们大多侧重作者的观念构成、政见倾向,将其归因于张季鸾的国家主义情结。笔者认为,应考察民营报业在彼时的现实处境,对它们在抗战中有此等自觉的"自我规训"会有更为完整的认知。

在《抗战与报人》中,张季鸾至少四次用"渺小""愧对"等词来自况《大公报》乃

---

① 范长江.两年来的新闻事业[J].战时记者.1939,1(12):53.

② 浙江省战时新闻学会.我国新闻事业在炮火中成长起来[J].战时记者.1939,1(8):24.据该文所载,各省的报刊损失种数分别是:江苏 26 家、河南 21 家、山东 60 家、河北 18 家、北平市 58 家、南京市 18 家、安徽 50 家、湖北 17 家、浙江 28 家、青岛市 15 家、天津 27 家、山西 11 家。同时,它也给出同期内各省新创报刊的数量:湖南 26 家、广东 6 家、四川 24 家、云南 5 家、香港 20 家、福建 4 家、重庆 19 家、浙江 4 家、上海市 15 家、湖北 3 家、陕西 14 家、贵州 3 家、江西 9 家、贵州 3 家、西康 2 家、广西 8 家、新疆 1 家、甘肃 7 家、青海 1 家、河南 6 家,总计 117 家。

③ 将"抗战"和"救国"作为关联的纲领,应始于 1938 年三四月在武昌召开的国民党全国临时代表大会。

④ 张季鸾.抗战与报人[M]//季鸾文存:下册.台北:台湾文海出版社,1974:152.

至民营报业面对战争的心态。从自我期许的形成机理来看,这些语句当能展示报人自我定位的成因,放置在现实中看也并非全然是谦辞。就延续时间、涉及地域以及动员社会的范围和深度而言,全面抗战都是中国经历的第一次"总体战",举国上下,不分军民,也无论专业,几乎悉数席卷在内。要与强劲的对手进行持久对耗,只能通过高度的组织化(按照当时常用的说法,也就是统制化)手段,有效地整合国族的所有力量,尤其是那些散居民间,原本不在政府掌控下的人力物力。照说作为原本就存在的社会化交往网络,传媒业应当是实现这一过程的主力之一。然而即便以战前所达的巅峰水准而论,中国报业,尤其是民营报业,发展程度都远不足承担这一使命。除去已经沦陷的东北,内地的民营资本累计总额在 1936 年的只有747 744 万元,其中的 378 000 万元商业资本分散在大概 164 万个商户手中。[①] 就在战前中国报人对"营业化""营业主义"几近人人喊打之际,吴天生却看得很清楚:"在百业幼稚之中国,新闻事业欲求其得资本家之培养而不可得,则以上云云,殆为梦想,犹不仅仅为理想也。"[②]张竹平则认为,1930 年"每日全国销数不出一百万份(统以每份二大张计算),以四万万人计算起来,每四百人中,才有一人阅报",报纸在国民中的普及率仅及同期日本的 1/70。[③] 再如新记《大公报》公司,只用了 1万元就从王致隆的后人手上买到包括房屋在内的报馆所有权,整个启动资金也只用了 5 万。由此可见,中国的报业不仅总体规模远谈不上庞大,更未出现真正意义上的报业巨头。

若将报业看作勾连和动员社会的渠道与网络,除了整体规模有限,战前的民营报业至少还有两个严重缺陷。其一,报社的地域分布上存在薄弱乃至空白地带。据燕京大学新闻学系所编,良友公司 1934 年出版的《中国报界交通录》所载,截至1933 年,除南京、上海、北平、天津、武汉、广州等直辖市,只有在江苏、浙江两省,除省会外的各地本土日报、二日报分布较为密集。此时江苏共有日报和二日报 142家,其中有 128 家散布在镇江以外的 31 个城市。浙江共有日报和二日报 44 家,其中有 34 家散布在杭州以外的 20 个城市。至于其他省份,则泰半集中于省会。以并不偏远的山东为例,1933 年共有日报和二日报 33 家,其中济南 16 家、芝罘(即今之烟台)4 家,惠民( 清代武定道和民国山东省第五行政督导区专署驻地)4 家,

① 许涤新,吴承明.新民主主义革命时期的中国资本主义[M]//许涤新,吴承明.中国资本主义发展史:第三卷.北京:人民出版社,2003:243,776.

② 吴天生.中国的新闻学[M]//黄天鹏.新闻学论文集.上海:上海光华书局,1930:22.

③ 张竹平.日本的新闻事业[M]//黄天鹏.报学丛刊:第四期.上海:光华书局,1930:26.

威海卫 2 家,安丘 2 家,堂邑(现属聊城,聊城为山东省第六行政督导区驻地)、禹城各 1 家。① 在西部的第一大省四川,75 家日报、二日报仅有 20 家不在重庆或成都市区,而当时的四川省共有 149 个县级行政单位。② 再如新建的绥远省,战略位置非常显要,但即便在归绥(今呼和浩特),到了 1937 年本土报刊的日销量也顶多 2 000 份。③ 其实,即便是江、浙两省,苏北(14 个城市拥有 40 家)和浙南(4 个城市拥有 6 家)的分布,也明显比苏南(19 个城市拥有 88 家)、浙北(16 个城市拥有 30 家)要稀疏许多。其次,即便是相对较大的报刊,发行覆盖的地理空间和社会人群也远谈不上充分,建成的发行网络相当脆弱。还是以 30 年代的归绥(今呼哈浩特)为例,在这个省会城市居然不容易看到上海出版的报纸。本土报刊刊登的新闻大多来转引自平津报刊。"有一年平绥路被水冲断,半月未通,平津报不能到绥,绥远一家唯一的大报只好刊登启事,诡称因印刷机破坏而休刊,一直等到平绥交通恢复,报纸到达,始行复刊。"④

如果整体的和平能持续下去,中国报业作为社会交往网络的诸般劣势未必不能逐渐改善。但是全面抗战恰恰在这种情势下猝然爆发,虽说国人对此早有预期,然而爆发的时间、延续的长度、波及的层面都远超过与事各方的预料。也是在《抗战与报人》中,张季鸾还曾这样描述:"人们常夸奖言论界,一支笔抵多少毛瑟,然在这两年大战中,实在感觉一张报还不如一个兵。就说宣传,今天担任抗战宣传的重心,已决不在号称大报的报人,而是在前线的政治工作人员,或沦陷区秘密工作的斗士。凭良心说,在平津或他处,吃苦冒险,抄录一些中央广播,用誊写版,密密层层写出来,而千方百计送达给爱国同胞者,实在伟大,实在可感,我们万分愧对。"⑤这番话纵使略有煽情,却也揭示了彼时传媒生态,乃至社会生态的另外一面,也就是在相对于民间,政府在资源掌控和调配方面优势的增强。

按照《国民政府组织法》等法案确立的框架,"训政"中的国民政府,原本就应是

---

①　燕京大学新闻学系.中国报界交通录[M].上海:良友公司,1934:55—56.

②　燕京大学新闻学系.中国报界交通录[M].上海:良友公司,1934:117—130.

③　杨令德.从绥远新闻事业谈到边疆新闻教育[M]//燕京大学新闻学系.今日中国报界的使命.北京:燕京大学新闻学系,1937:13.

④　杨令德.从绥远新闻事业谈到边疆新闻教育[M]//燕京大学新闻学系.今日中国报界的使命.北京:燕京大学新闻学系,1937:12.

⑤　张季鸾.抗战与报人[M]//季鸾文存:下册.台北:台湾文海出版社,1974:152.

全能型的强势政府。即便是在战前受制于诸多现实因素,它也在短短十年间就已构建成威权体制,藉以推动实业建设、社会规训,在现代化国家所必需的种种建设上显现出相当强劲的力度。还在战前,这种"民进国更进"的趋势就在传媒业内体现得相当明显。其实,中国报业的发展欠缺情状,民间人士早有察觉,也始终在努力改善。例如戈公振 1929 年就提出:"外人通讯社势力庞大既如此,华人通信社势力之薄弱又如彼。当此进退维谷之际,吾意较有力之报馆,应有自助之法。其法维何?即由报馆合组通信社是。"①其后又屡次号召各报馆联合组建设总社于上海,分社遍及国内,兼及海外的"代表性通信社"②。然而,仅据现在能看到的材料,这番倡议在民营报业内并未得到多少响应。但到了抗战前夕,建立才十余年的中央通讯社就已经设立武汉和广州两个分社。③再如广播业,中央广播电台建立于 1929 年,较之最早的民营广播电台晚了数年,但到 1935 年,中央广播电台的发送功率已达到 75 千瓦,位居亚洲第一,已基本覆盖全球,还计划进一步扩充。④取得这样的业绩,当然得益于可观的投入。以中央台为例,首期造价就高达130 万元。⑤

　　在战前,国有媒体的规模扩充还主要侧重于建构全国性的交流骨架,与无力于此的民营报业还算是并行不悖。但在抗战开始后,因为共同存在区域的收缩,彼此间少了许多回旋余地。由于文宣工作在战时被愈加重视,国民党的党报体系反而大为扩充。例如《中央日报》在战前仅有南京版,日发行量不超过 30 000 份。⑥但在开战后,除总社先后迁移到武汉、重庆外,还相继设立长沙、邵阳、贵阳、昆明、成都、永安、屯溪、梧州、漳州等 9 个分社。截至 1944 年,国民党已拥有中央直属党报20 家,省或特别市党报41 种,县市党报379 种。⑦官方媒体在大后方的密集创设当然既改变了当地民众的阅读状况,更有利于为抗战进行社会动员,但客观上也大幅挤压了民营报业的生存和扩展空间。除了机构数量上的变化,在战时获取新闻,尤其是众所瞩目的战地新闻的艰难,也使得官方媒体在新闻来源上的优势分外显现。

---

　　① 戈公振.中国报学史[M].上海:上海书店,2013:345.

　　② 戈公振.一个代表通讯社[M]//黄天鹏.新闻学名论集.上海:上海联合书店,1929:39—40.

　　③ 程其垣.战时中国报业[M].桂林:铭真出版社,1944:14.

　　④⑤ 任白涛.综合新闻学[M].上海:上海书店,1991:680.

　　⑥ 赖光临.七十年中国报业史[M].台北:"中央日报社",1981:125.

　　⑦ 赖光临.七十年中国报业史[M].台北:"中央日报社",1981:165—166.

如据 1940 年 1 月的统计,在《扫荡报》《大公报》《时事新报》《新华日报》刊发的刊发新闻稿件中,来自中央通讯社的分别占到 96.5％、88％、98.5％、88.7％。①

反观民营报业,它们对中国社会,尤其是后方地区和基层社会的实际影响能力原本就算不上密集深厚,此时又饱受重创。在抗战的第一个年头,北平、天津、上海、南京、武汉、广州就相继沦陷。民营报刊留在原地的,或是难以为继,或是被迫附逆。迁移到后方的,既损失了可观的实物资产,更失去相当部分的市场分额。例如武汉沦陷后,重庆就是大后方的政治、经济、文化中心,然而 1944 年全市日报发行量总计不超过 20 万份,仅与战前的《申报》或《新闻报》一家相仿。还在 1939 年,张季鸾也正是认清了"自日军来犯,报的商业性受了打击,规模愈大者,损害愈多。报纸的生命线生在交通,而交通堵塞了,或者破坏了。自从抗战,已没有没达到全国的报纸。除过上海租界的报纸,尚能做商业的经营之外,广大内地的报纸都失去了经济基础",因此不得不承认"所以现在的报,已不应是具有自由主义的私人言论机关"②。从其所使用的"应"字来看,张季鸾对这一自我定位的消逝未必全然甘心。但在这样的窘况下,莫说担当动员和组织社会的主干,离开政府的支持,民营报刊自身的生存都成问题。

当然,《大公报》自认为是"严格受政府统制的公共宣传机关"也绝非全无前提。在《抗战与报人》中,张季鸾解释说,"国家作战,必须宣传,因为宣传是作战的一部分,而报纸本是向公众做宣传的,当然义不容辞地要接受这任务。国家今天有权要求任何人民去上前线,去效死,有权要求人民献产或毁产。那么,做报的人,起码当然贡献一张报于国家,听其统制而使用"③。从这段话里至少可以看到三层意思。其一,"国家作战"是民营报业乃至举国所有行业服从统制的根本前提。必须要在战争这种特殊的社会形态下,报人才应当放弃"人不隶党,报不求人,独立经营"的"久成习性",是为了"生怕记载有误,妨碍军机之故",才不得不衷心地欢迎当局的内容检查④。其二,"要保卫民族自由"是"必须牺牲许多部分的个人自由"的前提,倘若这一前提已不存在,报业和报人也就无须再对政府唯命是从。实际上,张季鸾虽说把报人"以英美式的自由主义为理想,是自由职业者的一门"称作"过

①　程其垣.战时中国报业[M].桂林:铭真出版社,1944:16.
②　张季鸾.抗战与报人[M]//季鸾文存:下册.台北:台湾文海出版社,1974:151.
③　张季鸾.抗战与报人[M]//季鸾文存:下册.台北:台湾文海出版社,1974:152.
④　张季鸾.抗战与报人[M]//季鸾文存:下册.台北:台湾文海出版社,1974:153.

去的话",但是时间上的先后却并不等于模式上的优劣。<sup>①</sup> 其三,在张季鸾看来,"宣传"原是报纸的本职,此时只不过是将原本有报业自身掌握的编辑权限,部分让渡给政府。

　　所谓"统制",既是出于应对战争的不得已,也是规范国家与国民的关系框架。以此为全社会范围内调配资源的基本方针,政府既获得远比平时大得多的管理权限,也承担保证国民基本生存的义务。既然作为国民一分子的《大公报》已经为战争牺牲良多,乃至于甘愿放弃原有的独立定位,报人已经自居于"与前线战士一样,要自认在抗战工作中有其小小岗位"。那么,国家对于他们,纵然无须做到像对待军队那样全力供给,也得尽可能地保障基本生存。<sup>②</sup> 综而论之,按照张季鸾的原意,民营报业转化为"政府严格统制下的公共宣传机关"既未必就是长久之策,也并非单方面的输诚,而是在相当程度上与政府建立契约,以"接受统制"换取必要的生存保障。实际上,纵观抗战时政府当局的诸般举措,也确实体现"统制"的双重属性。就在大后方的资源配置被不断纳入管制的同时,针对公务人员和市民的平价供应体制也逐渐建立。<sup>③</sup> 再如高等教育,受到越来越直接的掌控,学生享有的贷学金却也逐年增长。<sup>④</sup> 对于民营报业而言,最有意义的就是纸张的供应。战前中国的新闻纸向来主要依靠进口,一战期间,上海报界就曾为纸张的来源发生过恐慌<sup>⑤</sup>。到1935年,国内的造纸厂仅有39家。<sup>⑥</sup> 开战以后,不仅进口纸张几近断货,到1939年,除了长沙的机器制纸厂、四川的嘉乐纸厂以及内迁永安的福建造纸厂,其他国内造纸机构悉数沦入敌手。在笔者有限的阅读范围内,至晚从1938年开始,官方就试图采取统购配售的方式来缓解报业的困境。<sup>⑦</sup>

　　既然政府的主导空前强势,与其关系的远近亲疏自然会对报馆产生剧烈影响。实际上,举凡能于抗战期间业内地位不降反升的大后方报刊都得益于当局

---

① 张季鸾.抗战与报人[M]//季鸾文存:下册.台北:台湾文海出版社,1974:151.
② 张季鸾.抗战与报人[M]//季鸾文存:下册.台北:台湾文海出版社,1974:153.
③ 陈雷,戴建兵.统制经济与抗日战争[J].抗日战争研究,2007(2):175-196;陈雷.抗战期间国民政府的粮食统制[J].抗日战争研究,2010(1):22-31.
④ 金以林.近代中国大学研究:1895-1949[M].北京:中央文献出版社,2000.
⑤ 胡道静.上海新闻事业之史的发展[M].上海:上海市通志馆,1935:54.
⑥ 佚名.我国造纸工业近况[J].报学季刊,1935(3):173-175.
⑦ 士杰.五千吨新闻纸[J].战时记者,1938,1(2):9.根据士杰所撰《五千吨新闻纸》称"中宣部长周佛海先生说:中央已统购了五千吨新闻纸,将分配出售于各地报业"。

的特别照顾。即便不谈《东南日报》《大刚报》等准官方报刊的后来居上,《大公报》的境遇就颇具说服力。例如周雨对《大公报》重庆版所以能盈余积累相当数量的财富,为胜利后恢复上海版、天津版创造条件有如下分析:"(大公报)经常向中国、交通、金城、上海各银行接洽短期借款,购储纸张、油墨及业务上需要的各种物质,仓库中经常储存足够半年使用的物质。当时的重庆金融市场,借款三个月的利息通常约为 21%~24%,而同一期间的物价往往上涨一倍。重庆各报联合委员会根据市场物价情况,每年调整报价三数次。每次调整报价时,大公报馆一面用早期购存的报纸油墨印报,一面按新的报价收费。如此循环往复,几年之间,财富大有积累。"①且不说从直属中央的中国银行和交通银行拿到近于白送的贷款绝非谁都能做到,就是储存足够半年使用的物质也足以说明当局对大公报馆格外客气。须知也是在抗战期间的重庆,《重庆各报》(联合版)就因贸易委员会押款提纸办法的限制始终未能获得足够的纸张,虽说在市面上始终供不应求,印量却一直未能突破30 000份,存续三个月仅盈余 16 168 元。②再如新华日报社在1940 年自行投资设立川东复兴纸厂,每日可获 100 担左右的白报纸。但 1941 年年底,重庆市政府就以"操纵纸张市场、囤积居奇"为名查封复兴纸厂,还没收全部存货。③

　　无论是中日之间的实力对比,还是当时世界格局的大势,都注定了抗战将是持久战,但将延续多久,会以怎样的结果结束都是未知数。正是基于此等预期,任毕明才会将抗战以前概称为"过去时代",将"过去时代"的新闻界与新闻学条条批驳,并以此来证明新闻业就应当是且仅是"我们的新文器"。④这样一来,在诸多后辈人士那里,这就不只是救时之策。例如钱震在《抗战中的报纸》中主张"报纸的战时化,应该不单是这些外形上的变革,而是要在各方面力求达成其在抗战期间的神圣任务⑤,再如杜绍文也认定,"'自我扶助'和'自我教育',系我国战时报人的两大指标"⑥。所谓"自我扶助",不仅是要解决报业的自身生存,还应建立全国性的"中心

　　① 周雨.大公报史[M].南京:江苏古籍出版社,1993:195.

　　② 程其垣.战时中国报业[M].桂林:铭真出版社,1944:6—13.

　　③ 刘立群.抗战时期《新华日报》纸张的来源[N/OL].[2008-6-5].http://cpc.people.com.cn/GB/85037/85039/7346140.html.

　　④ 任毕明.战时新闻学[M].广州:光明书局,1938:1—9.

　　⑤ 钱震.抗战中的报纸[J].金华:浙江省战时新闻学会.战时记者,1938,1(1):3.

　　⑥ 杜绍文.一个民族一个舆论一个意志[J].战时记者,1938,1(2):2.

组织"，来协调调度各报的行动；"自我教育"不仅是充实相关知识与技能，更重要的还在于"合科学文艺的精华写为妙文，以正确无疵的观念抒发意见"。当然，何谓"正确"，他也说得很清楚，就是要"国家民族利益高于一切"①。

## 第三节 《科学的新闻学概论》：为战后的新中国而作

到了1943年，抗日战争的最终胜利只是时间问题。战后的中国将以怎样的面目焕然一新，自然成为知识人必须慎重考虑的重要问题。当然，将对未来的期待展开为具体的规划原已不易，要在已有的学科框架内体现这样的情怀就更具难度。也就是在这一年，萨空了身陷囹圄，却完成《科学的新闻学概论》一书。他对这部书并不满意。在后记里，萨空了这样自我批评："名之为新闻学，显然有两个缺点：（一）它过于注意时间，因而过于注意站在'今日''中国'的现状上立论，以致不成为理论书，而类似了'中国新闻事业改革计划'。（二）这本书的技术部分：不论'报纸制作技术'还是'报业管理技术'，都基于极庞大的组织立论。对于小规模的新闻事业，如组织极小的铅印、石印、誊写版油印的地方报、军队中的阵中日报和在学校工厂乡镇办的报纸等，没有什么讨论。"②

那什么才是萨空了眼里真正的"科学的新闻学"？该书的第一章《什么是新闻学》对新闻学的缘起是这样陈述的："新闻学的产生，和其他的社会科学一样，是适应着人类的生存需要而产生。因为人类社会中先有了凭种种工具（如报纸杂志）相互报道消息并提供意见这一事实，大家又感觉到这种事实对人类生存的影响广大而深邃这一现象。遂不能不拿它当作对象，而加以研究。"③从知识观的角度看，这显然是先认定"社会科学"是"适应着人类的生存需要而产生"，再按照这个路径去解释新闻学的存在理由，其中的"感觉到"和"不能不"更是典型的经验主义的说法。萨空了随即又强调新闻学是"一种新兴的社会科学"，所要研究的是"在人类社会中，人类相互凭种种工具向他人报道消息、提供意见这一事实；对人类有宏大影响

---

① 杜绍文.一个民族一个舆论一个意志[J].战时记者,1938,1(2):2.
② 萨空了.科学的新闻学概论[M].香港:文化供应社,1946:194.
③ 萨空了.科学的新闻学概论[M].香港:文化供应社,1946:2.

这一现象的运动法则或因果规律"①。由此可见,他所要遵循的还不只是说在"学科"上虽已既成,但在方法上却未必周全的"社会科学",而是纯粹意义上的"科学",用他自己的话来说,须得"研究自然科学一样,先要把这在社会中运行着的人类相互报道消息提供意见的现象当作一个对象来研究,认识它最初怎样发生,以后怎样发展,发展到现在形成怎样一种现象,并推论今后它将怎样再发展下去",才算正途。从这个意义上讲,在他那里,"科学"之于"新闻学",不只是对结果的判断,更是对方法和路径的规定。遵循"科学"的路径就必然得到"科学"的结果,这在科学主义者看来,根本就不成问题。

如果从社会架构入手,从结构的层面为"新闻学"给出框架和图景,历史即便不是被刻意摒除的对象,也只能是被用以验证的质料。然而,任何的社会科学要证明自身的存在意义,却又必须解释何以自己关注的社会现象会在人类历史,甚至是信史所及的时段内,由无到有乃至发生显著的变化。这样一来,就必须将"社会"设定为一个流变不居的过程。相对而言,自然科学在这方面就要幸运很多,除了理论物理学,它们几乎不用解答自己发现的因果规律究竟是怎样生成的。因此,任何试图建构解释的体系本身,而不是仅仅在体系之内零敲碎打的社会科学研究,就势必为自己的研究对象在物理意义的时间线上选取和划定界限(虽说未必就是一个时刻点),才能使得研究对象在研究者自身的"社会"想象中被赋予意义。然而正如伯尔曼转引梅特兰的话,任何力图了解"整个历史"的某个片段的人,"都必须意识到,他的第一个句子就撕裂了一张没有接缝的网"②。从这个角度看,如梅因的《古代法》、贡斯当的《古代人与现代人的自由》这样的著述所以能成为"经典",很大程度上就是因为在时间界限的划定上做到自洽圆融。

在诸多的社会科学中,"新闻学"要做到这一点却又格外不易。如果用"长时段"(long-term)为标准来衡量,无论在西方还是在中国,新闻业的诞生和发展,都仿佛就发生在昨天。若是将"近代化"(modernization)视为还在进行中的过程,甚至可以说这根本就是在"当下"。要讨论事物在"当下"的正当与流变,无论在逻辑上还是架构上,尤其在对所依托的时间线的区隔界定上,难度之大实非亲历者不能体会。既然无法绕过,新闻学者们经常会用两种方法完成这个步骤。第一种可以

---

① 萨空了.科学的新闻学概论[M].香港:文化供应社,1946:2.

② 伯尔曼.法律与革命:西方法律传统的形成[M].贺卫方等,译.北京:中国大百科全书出版社,1993:57.

称为"上延"，就是以"传播"或者"交通"行为的存在为标志，无论它们的范围大小和载体新旧，尽可能地在时间上往前延展，在行为上广纳博取。正如萨空了所说，"中国有一些研究新闻学的书籍，或者译自日文，或者依据日人所著新闻学为蓝本而写成，都说新闻报道的发生，远在人类有史以前"①。这样做的好处，自然是用时间的悠长来渲染新闻业的伟大。尤其是在历史既悠长而更绵延的中国，沿着这样的路数，还不妨断论"中国是最先有报纸的国家，'春秋'就是我们最早的报纸"②。

当然，在萨空了看来，"他们旨在为中国争光荣，结果却不免为有科学的史的知识的人所窃笑"③。因此，他采取的是另一种可称为"下断"的方式，就是根据考察对象在"当下"的存在状态为标尺，将考量范围仅限于这种状态的出现年代。当然，所谓"当下"本身也往往具有多个面相。就此而言，无论在它们之间选取什么，只要言之自洽倒也无妨。萨空了选取的就是"宏大影响"。因此，在他的叙述脉络中，"新闻学所以要到二十世纪才产生，是因为到二十世纪才有产生它的环境"④。具体来说，就是"报纸产生了，它随着生产工具的改进，经济的发展，像竞走一样的前进。印刷的工具，报道的工具（如无线电），发行的工具（如飞机）的发展，一日千里。报纸及其他报道消息提供意见的工具这一事实，所以加诸法律政治，意识形态的影响的强大，才为人类所认识"⑤。

从接下来的论述看，《科学的新闻学概论》的前五章（"什么是新闻学""新闻学研究什么""新闻报道的发展历程""报纸言论的发展历程""怎样使报纸有益于人类"）对这个标准的使用真是一以贯之。譬如在谈到报社的发展时，是这样来归纳演化的动因："人民为了自身的生存，而生出的迫切要求，不只逼着报纸的采访进步，在印刷方面、发行方面，也被逼着有了极大的进步。新的印刷机，日新月异的在发明，一切利用最迅速便捷的交通，作为发行手段的计划，层出不穷。于是在人民的不断的热烈要求下，报社的不断努力适应着这一要求下，往复不断的互为发展，报纸才发展到现代这一阶段。"⑥再如在解释为何社会新闻会后起却兴旺时，也是诉诸影响的范围和深浅："社会新闻的晚被注意，是因为过去的社会太狭小，一个村落里有什么新闻，当日全村都可以知晓，自然用不着什么报道。他村距离远，但以

---

①② 萨空了.科学的新闻学概论[M].香港：文化供应社，1946：3.

③ 萨空了.科学的新闻学概论[M].香港：文化供应社，1946：194.

④⑤ 萨空了.科学的新闻学概论[M].香港：文化供应社，1946：6.

⑥ 萨空了.科学的新闻学概论[M].香港：文化供应社，1946：17.

没有经济往来,也就无须关心。一个现代的大城市,没有报道,同住在一起的人,就会因市区辽阔的关系,连霍乱传染的极凶猛都不知晓,更以交通密接,经济关系密切,他市的新闻也会影响到一市人民的生活,于是社会新闻应要求以生。"①单就这个部分来看,萨空了的确将自己认可的"科学"方法自如而系统地运用在"新闻学"的学理搭建中。他所以能做到这一点,当然跟他对马克思主义的娴熟掌握有直接关系。撇开学科和见解上的差异,萨空了的"科学的新闻学"与前文提及的洪业对"科学新闻学"的设想,虽说面相和延伸迥异,但在精纯这一点上却可交相辉映。

然而就在"科学的"理论几近完成之际,萨空了却从第六章("中国新闻事业发展")开始,突然转到为中国报业做"革新规划"。以至于以此为分界,这本书前后两部分在对象、讨论,甚至在语言上都不甚相搭。如果说萨空了如当年的孙怀仁那样,写理论根本就写不去,才转而去谈自己好歹不甚陌生的业务知识那还罢了。但正如前文所论,萨空了自己很清楚这样做,从"科学"的角度来讲,即便不好说降格以求,至少也偏离原先的方向。按照原先的脉络展开,从长时段来看,"今日"也就不过是一个片段,"中国"也仅是"社会"的结构与演化的一个侧面。实际上,这一章("中国新闻事业发展")里就有这样的一段话:"中国是世界的一环,又是一个没落的国家。报纸在中国又是一个后起的事业,报纸在中国的发展,多半是向世界各国学习而展开,自不会不同于世界报纸发展的规律。"②不难看出,在萨空了看来,"中国"并不见得如戈公振坚信的那样有它特殊的伟大传统。而且,既然他以"宏大影响"作为观察的尺度,那么无论是报纸,还是广播,无论是国有,还是民营,媒体的物理形态和运作模式都只是相对次要的方面。为何萨空了会在接下来的全部十二章里分门别类地谈中国的报纸该如何改革? 是什么原因将他猛然从"科学"拉进"改革",尤其是"中国的改革"? 进而言之,既然在萨空了看来,这样来写势必为"科学的新闻学"带来两个根本的遗憾,他为什么还要这样去写?

其实,还在第六章里,萨空了就将他把视角转到"今日的中国"的原因交代得很清楚。因为在 1943 年的他看来,所谓"今日",就是指抗战即将胜利而宪政也将到来。抗战胜利之后,"帝国主义的桎梏既脱,中国社会的向资本主义之途迈进是毫

---

① 萨空了.科学的新闻学概论[M].香港:文化供应社,1946:17.原文如此,疑有脱字。
② 萨空了.科学的新闻学概论[M].香港:文化供应社,1946:34.

无疑义的"①,既然对于中国而言,社会的"资本主义化"和政治体制的"宪政化"都指日可待。中国的报业就会既获得可观的成长空间,又多种路径可选择。正是对局势的演进抱有这样的预估,萨空了才会"鉴于美英的前车",格外注意报纸这种"应属于民众的报道消息提供意见的工具","可能为大财阀资本家所独占"②。基于这样的理由,萨空了才急切地为"积极的设法使报纸成为大多数民众自己的相互报道消息,提供意见的工具"设计蓝图。③他首先提出两条总纲,"依照当前的形势来看,中国步入宪政期的时候,中国新闻事业的现象,将为:(一)通讯社,全国只有一个对内对外的唯一权威通讯社。(二)报纸,全国各大都市的主要报纸,皆将为靠国库的支撑而存在的机构④。既然是为随时出现的"新中国"报业划定规范,自然是越详尽越好。所以萨空了在接下来的十二章里,以"科学的新闻学"为方法,以这两条总纲为框架,尽可能地将"中国报纸改革纲领"做得周全。譬如对于报纸的所有制度,他认为"应注意到这两种机构过去都是靠国库的拨付而建立起来,其中已培植了不少的干部,具备了相当的规模。在宪政时期自仍应保持其优良的基础,只求其在本质上变为属于民众,就够了"⑤。再如在对记者提出期待时,他既基于"宏大影响",更强调"人民"本位,"新闻记者的任务,则是把有益于人类的'新闻'向大众宣传,并指明那含有毒素的新闻的宣传,使大众在这宣传下组织起来,向不利于人类的含有毒素的恶宣传,作无情的战斗"⑥。也是因为认定一切都必将"伴随着中国政治经济的进步而进步",他坚信当下的报纸言论虽说是"在一种黯淡的空气中",却仍大有可为,只要"新兴的新闻从业员应至少有这种理想,在其胸中孕育,已是不可或缓的需要,因为他们应是新中国建设的先锋,负有推动社会的责任,决不能落在社会发展的后面,等社会来推动"⑦。

何以会聚焦于报纸的改革,而非其他媒介,萨空了也交代得很清楚,虽说在世界范围内,"报纸可能把它的责任,在某一天,禅让给其他的比它更有效于肩负这工作的工具。例如无线电播音,在现在,尤其在第二次大战中,就在某些点上,超越过了报纸",但在总体上看,报纸仍是"是在今日人类中正担负着相互报道消息提供意见,在人类社会造成巨大影响使命的工具",而且"中国报纸,在社会间所发生的影响

①② 萨空了.科学的新闻学概论[M].香港:文化供应社,1946:35.

③④⑤ 萨空了.科学的新闻学概论[M].香港:文化供应社,1946:36.

⑥ 萨空了.科学的新闻学概论[M].香港:文化供应社,1946:57.

⑦ 萨空了.科学的新闻学概论[M].香港:文化供应社,1946:130.

还不算大",却必将随着"新中国"的到来而扩展。① 在做出了这些判断后,萨空了在后记里也就很坦率地承认,这部书"注重实践,是因为认为理论本来就是为了实践。而且战后宪政时期,更是需要现在培植人才"②。因此他自己"本也曾想不叫他穿这件'学'的华美外衣,就干脆名之曰'中国新闻改革计划',但以其中有许多涉及理论的部分,为过去中国一般名为'新闻学'的书籍,所未曾触及者"③。

通过以上的解读,相信能很清晰地看到,在萨空了那里,虽说"科学"是信仰和路径,但"中国"却是情怀和目的。与二十年前的徐宝璜等人相比较,"社会科学"的训练和"新闻学"的知识在萨空了这代人那里当然远非如当年那样太过简单,而且"新闻学"在"社会科学"乃至"科学"的维度上也开始体现出它成形后的内卷和规训。但在国族情怀的感召下,萨空了仍然不惜放弃自己的"科学"期待,尽可能切入现实。从这个角度看,如果按下他们对"中国"的判断是否全面,开出的药方是否对症,从徐宝璜到萨空了,这条早期"中国新闻学"的脉络虽说看似取向不同、粗精有差,而且不及中国共产党的党报理论洞察深刻,但始终因为对国族的关切,蕴含着旺盛的生机。也许这也真是在今日把学问做得越来越精致的我辈,需要认知和体察的财富。

不妨以萨空了的自我评价来作为本章的结尾,这段引文无须再做什么解说,因为他已经把话说到极致:"至于本书,前面已经说过,它是在新闻学书籍极其匮乏的中国中,为了应急而赶写的急就章,缺乏极多,只以'聊胜于无'这一念的鼓励,才敢把它呈献给读者。著者不只希望本书'不朽'之意,并绝对希望它'速朽'。到了本书不值一顾的之时,可以证明,彼时的中国报纸,比现在已有了长足的进步,本书中提供的应兴应革诸点,必已悉成常谈陈迹。作为中国新闻事业从业员之一来看,在中国有了那样进步的报纸,比自己有一本书不朽,要可喜的多了。企盼那日子的迅速到来。"④

①　萨空了.科学的新闻学概论[M].香港:文化供应社,1946:10.
②　萨空了.科学的新闻学概论[M].香港:文化供应社,1946:195.
③　萨空了.科学的新闻学概论[M].香港:文化供应社,1946:194.
④　萨空了.科学的新闻学概论[M].香港:文化供应社,1946:202.

第六章

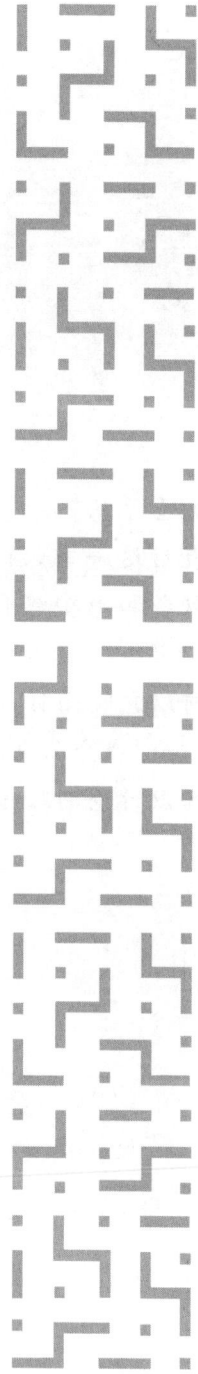

作为观念的『同仁报』

——以『同人办报』为参照

前面的五章侧重于从"学科"的层面剖析中国新闻学的脉络流变。最后这一章,沿这一思路却稍作调适,就本学科观念的取舍和形塑略作个案研判。"同人报"一词知名度向来颇高,然而,却极少有人就其确切含义做出明晰界定。何以它既面目模糊,又声名显赫?这正是本章试图将它作为"观念",也就是视作在具体的情境下被建构的产物加以讨论的缘起与线索。

# 第一节　并不必要的概念

在笔者有限的阅读范围内,仅有《中国大百科全书·新闻出版卷》(第一版)和《新闻学大辞典》对"同人报"做过直接阐释。它们分别是"同人报的主办者常以'同人'(或'同仁')自称。报刊的出版(发行)人和编辑人均由其成员担任。对报刊的活动方向和重大材料的刊登,须经过全体成员或主要成员讨论决定。但同人报的同人只是一个松散的结合体,当同人之间发生意见分歧时,任何成员都可以宣告退出。因此,同人报和机关报在性质上是完全不同的两类报刊"。19世纪末和20世纪初,中国留日学生纷纷兴办刊物,倡言革命,其中不少带有同人报刊的性质。五四运动中同人报刊更风行一时。著名的《新青年》杂志,自1918年1月第4卷第1号起,由陈独秀个人主编,曾一度改组为同人刊物。[①] 而《新闻学大辞典》给出的定义是"私人以自愿的形式,结合起来所办的报刊。办报(刊)人自称'同人'或'同仁',以标榜自由结合,不受政府和党派控制,显示其办报(刊)自主和言论独立。实际上,这种办报(刊)方式也总有一定政治背景和一定社会集团操纵,办报(刊)人也绝不可能不偏不倚。在法制健全的条件下,同人报刊能够在一定程度上体现言论出版自由,对社会政治生活起某些积极作用。"[②]

推敲之下,它们作为概念实在很成问题。作为认识的基本单位,概念应该即便被抽离出生成的语境,在逻辑上仍能做到自洽。同时,借助它又能将所指代的对象与哪怕是极其相似的事物进行有效区隔。如非必要,概念无须也不可随意增设。上述两种诠释,言辞不尽相同,架构却完全一致,以"机关报"为参照系来寻找和描述"同人报"与它究竟有哪些不同。由于这种方式并非直指本来,所以未必经得起逻辑的拷问。沿着其中的思路,不妨这样来问,"民营报刊"同样也不从属于政治团体,内容的编排同样也由编辑部成员自行决定,也时常"标榜自由结合,不受政府和党派控制",显示其办报(刊)自主和言论独立,又何以要区隔"同人报"与"民营报刊"?

当然,上述两个定义不完备不等于"同人报"就无法在概念的层面上被剖析分

① 编委会.中国大百科全书·新闻出版卷[M].北京:中国大百科全书出版社,1991:361.
② 董荣华.同人报[M]//甘惜分.新闻学大辞典.郑州:河南人民出版社,1993:67.

明。权且先回到"同人"这个基点，来考察用它做定语来界定报刊的属性是否恰当。报刊怎样才算得是"同人"，通常有两种解释。第一种是指其所有权，既不归属官方、政党、政团、社团，也不归属商业资本，而是由报社同事，至少是报社的上层人士，所共同拥有。但是，又是否真有这样的存在？在此前的相关论述中常用《时务报》、《新青年》、新记《大公报》来做例子，《时务报》不仅是用上海强学会的余款和人脉开办，而且打的就是"寓会事于报事"的主意，是为将来开设学会社团做前期准备，可算是准党报。① 《新青年》地点的搬迁、宗旨的变化，完全取决于陈独秀的意愿，始终都是一人之刊。新记《大公报》从一开始股权分配就清清楚楚，只不过是吴、胡、张三人投入资本的类型不尽相同。② 单就所有方式而言，至少在中国报刊史上，并无必要在"机关报"和"民营报刊"之外另立名目。第二种观点是"同人"主要体现在内容的生产。也就是由机构同人，完全自主得决定是否刊登、如何刊登怎样的内容。在文学生产中，如此意义上的同人刊物，也的确很多。但是，这样的"同人"性，却恰与新闻业的职业规范格格不入。新闻业的职业规范自然林林总总，核心尺度却很清晰，那就是新闻报道要尽可能地陈述且只陈述事实，而且是与公众利益相关的事实。在对事实的权衡、取舍中，新闻工作者恰恰就要尽可能悬置自己的倾向和预设。如果哪家媒体真要以"同人"的意愿，作为新闻选择的标准，那么它就绝不是合格的新闻媒体。可以说，在"新闻学"的场域内，作为概念的"同人报"实在多余。

## 第二节　并不多余的观念

既然作为概念，尤其是新闻学概念，实属多余。"同人报"的名头何以如此响亮，这本身就值得考察。接下来的考察将转换视角，不再把它看作概念，而是观念。

---

① 汪诒年.汪穰卿先生传记[M].北京：中华书局，2007：67.这句话出自邹代钧光绪二十二年致汪康年函，全文是"今欲合诸西学为会，而先树一学会之的，甚不容易。若能先译西报以立根基，渐广置书籍，劝人分门用功，相互切磋。以报馆为名而寓学会于其中较妥。"《时务报》因为该归属上海强学会还是未开的中国公会引起争端。

② 王鹏.《大公报》的资金与股份变动情况[J].百年潮，2001(8)：62—63.据该文所叙，虽然几乎从未派息，但是新记《大公报》的股权分配从来都很清楚。直到1948年以前共派发"荣誉股"3次，共有27人获得。

概念既要经得起逻辑和现象的拷问,还要融摄于学科的场域。"观念"却依托于情境,无须寻求逻辑上的正当,其存在本身就是需要直面的对象。某个常见的说法越是面目模糊,就越有从"观念"的角度进行考察的必要。当然,在观念研究中,最可靠的起点还是在历史的情境中辨析来龙去脉,探究它是被谁,出于怎样的目的,又如何建构起。事不孤起,必有其邻。将这番考察,放置在与它看起来最相似的"同人办报"的参照中,更有可能从对比中看清其中的脉络和流变。而且,在目前可以看到的文献里,对"同人办报"的直接阐释始见于 1942 年的延安《解放日报》社论《党和党报》,"同人报"的提法,则最早出现在 1957 年,其时间的先后也需要我们对这两者之间,存在怎样的关联有所探讨。

## 一、"同人办报"解

《党和党报》(1942 年 9 月 22 日)开门见山,从列宁的名言"报纸是集体的宣传者和集体组织者"中引申出这样一系列问题:"我们真正懂得了这句话的意思没有?我们各地党的组织和党的工作者,真正照这句话去做了没有? 如果仔细的一检查,就会知道我们多少还有些以背诵名言为满足,言行不一致。所谓集体宣传者集体组织者,这个"集体"是个什么意思?"[①]紧接着,该文自问自答,详陈对"集体"当如何理解:"报馆的同人也算是一个'集体'。如果说这个'集体'就是指报馆同人而言,指几个在报馆里工作的人员而言,那末,报纸就不成其为党报,而成为报馆几个工作人员的报纸。在这个报纸上,报馆同人可以自己依照自己的好恶、兴趣来选择稿件,依照自己的意见来写社论、专论。总而言之,一切按照报馆同人或工作人员个人办事,不必顾忌党的意志,一切都按照自己的高兴不高兴办事,不必顾忌党的影响。办报办到这样,那就一定党性不强,一定闹独立性,出乱子,对于党的事业,

---

① 列宁.从何着手[M]//列宁.列宁全集:第 12 卷.北京:人民出版社,1986:8.全话是:"但是,报纸的作用并不只限于传播思想、进行政治教育和争取政治上的同盟者。报纸不仅是集体的宣传员和集体的鼓动员,而且是集体的组织者。就后一点来说,报纸可以比作脚手架,它搭在正在建造的建筑物周围,显示出建筑物的轮廓,便于各个建筑工人之间进行联络,帮助他们分配工作和观察有组织的劳动所获得的总成绩。依靠报纸并通过报纸自然而会形成一个固定的组织,这个组织不仅从事地方性工作,而且从事经常的共同性工作,教育自己的成员密切注视政治事件,思考这些事件的意义及其对各个不同居民阶层的影响,拟定革命的党对这些事件施加影响的适当措施。"

不但无益,而且有害。所以,所谓集体宣传者组织者,绝不是指报馆同人那样的'集体',而是指整个党的组织而言的集体。"①在这样的语境下,"同人办报"的含义相当清晰。从以上两段引文大致可以看到这么三层意思:第一,这里所说的"报馆同人"是指"我们",也就是整个党组织中的一部分。也就是专门从事党报工作的党员。第二,按照作者的观点,"集体"虽有大小之分,但只有"整个党的组织",才应该是党报的使用者。第三,"同人性"和"党性"水火不容,如果以报馆同人的偏好和倾向,作为党报社论和专论的依据,那么必定会对党的事业造成损害。

单从逻辑上来看,将这样的"同人办报"树为"全党办报"的首要对手似乎并不周全。因为两者之间的对立仅存在于党报体制的内部,被办的都是党报,所有权的归属毫无问题。然而,"报"与"党"之间并无必然关联,要将"全党办报"确立为运作报刊的正轨,似乎首先要做的是将所有报刊都纳入党报体系,而非党报究竟该怎样去办。但在当时的现实情境下,这样的话语建构自有其现实成因。整个抗战期间,根据地基本处于欠发达地区,又经历了战争的重创。在这样的状况下,除非得到来自官方的持续投入,报刊极难生存,遑论发展。实际上,在 1938 年,这些地区的民营报业就已几成空白。② 无论是基于既有的报刊理念,还是受制于物资条件,根据地的党政机关都只能将原本就很有限的人力、物力全部投入党报的建设中。③ 因

---

① 党和党报[M].解放日报,1942-9-22:1.

② 江苏省地方志编撰委员会.江苏省志.报业志[M].南京:江苏古籍出版社,1999 年:86.这是笔者查阅根据地涉及的河北、山西、陕西、山东、江苏、河南各省省志相关部分,以及燕京大学新闻系编《中国报界交通录》(1933 年版)的结果。以根据地规模最大的城市——江苏盐城为例,战前的常住人口不超过 5 万,仅在不同时期,断断续续地存在过《东台日报》(1912—1913)、《盐城日报》(1927—1928)、《民声日报》(1931—1937)、《新公报》(1931—1938)等四份民营报刊,而且到 1938 年都已停刊。

③ 河北省税务局,山西省税务局.华北革命根据地工商税收史料选编[M].第 3 辑.石家庄:河北人民出版社,1987:430.后人在追述晋察冀边区《抗敌报》时,常用"八匹骡子办报"形容其艰苦。此说诚然不错,但是当时的晋察冀边区相当贫困,1942 年全区人口约 2 000 万,正规部队9.5万人左右,财政收入仅 35.6 万石小米。中央档案馆.中共中央文件选集[M].第十三册(一九四一——一九四二).北京:中共中央党校出版社,1991:148、149.能拨出这些物资来办报,已是竭尽所能。另据 1941 年 7 月 4 日下发《中央宣传部关于各抗日据地报纸杂志的指示》,各中央局、中央分局和如晋西北这样在地域上具有独立性的区党委,除了作为党和党所领导的军、政、民的共同言论机关的政治性报纸(最长间隔为三日刊)、作为社会教育的通俗报纸以外,诸如政治杂志、党内月刊、党领导下的综合文化刊物,都可以视情况决定办或不办。从中也可既看到根据地此前在报刊工作上投入了可观的资源,也可管窥当时物资条件的匮乏。

此,在 1942 年的根据地,报刊都是清一色地分别归属于党内不同级别、不同系统。既然在可以管辖的范围内,原本就不存在非党报,又何须考虑如何去改造?反过来看,也正是因为在各个根据地,报刊的所有权根本就不成其为问题,如何才能让它们整齐划一地成为"完全的党报",才显得尤其重要。

正如《党和党报》所说,对"集体"一词,可能存在不同的解释。即便同样是在办党报,具体的运作模式同样以列宁的论断作为根本原则,可能由此引申出不尽相同却又各自能自圆其说的构想。"报馆同人"承担着党报的具体运作,相对于其他党员而言,他们要想掌控、把持党报,进而在党内形成团体山头也就更便利。换句话说,在"党报"这个共同的前提下,也就只有"同人办报"最有可能对"全党办报"构成挑战。何况在根据地,"同人办报"还不完全只是潜在的可能,编辑部未经请示中央就擅自发言,给全党工作造成被动的情况时有发生。众所周知,《解放日报》上刊登的《野百合花》(连载于副刊版 1942 年 3 月 13 日、23 日),就曾被国民党转用于反共宣传。再如在《中央关于统一各根据地内对外宣传的指示》(1941 年 5 月 25 日)中,有如此描述:"特别应引起我们注意的,是许多违反党的政策和中央指示的言论之公开广播(如另立中央政府的主张,马日事件的估计,陈团起义的发表,仇货充斥的自白等),与各地对外宣传工作中独立无政府状态的存在,这种全世界任何国家政党所没有的极端严重的现象,如不迅速纠正,对党对革命必有很大的危害"[1]。这段引文中的"陈团起义",当指 1941 年 4 月 18 日,时任国民党第 425 团团长的陈锐霆率部投诚,被委任为新四军第 6 纵队指挥官,在民族矛盾仍是首要矛盾,抗日统一战线仍然继续存在的情况下,对此事做公开报道的确不妥。在整风运动开始后,《解放日报》《新华日报》等中央级报刊,固然已经向"完全的党报"迅速转变,各根据地却仍时而出现问题。仅在 1942 年下半年,此类情况就有"新华社太行分社发布参政会通电,主张召集国是会议;山东分社发表东北军——一师反对国民党人员的通电,苏北分社发表反对国民党的新闻"等等。[2]

既然各根据地相互分割的交往状况一时难以改变,宣传工作一定程度上也就只能依旧各自为战。在这种情况下,强调"全党办报"的正确与正统,也就势所必然,而且亦可借此强化党中央的权威。此外,党中央也一直在尽全力在组织上创设

---

[1]　中央档案馆.中共中央文件选集:第十三册(1941—1942)[M].北京:中共中央党校出版社,1991:111.

[2]　中央书记处关于报刊通讯工作的指示(1942 年 10 月 28 日)[M]//中央档案馆.中共中央文件选集:第十三册(1941—1942).北京:中共中央党校出版社,1991:453.

制度,最具代表性的做法,莫过于 1941 年将各根据地通讯社整合进新华社系统,实行垂直领导,每隔几个月,就会向各根据地专门发出指示,统一规划当前的宣传重心。1942 年 10 月,更是明令各地仿效西北局的作法,"改正过去不讨论新闻政策和社论的习惯,抓紧对通讯社及报纸的领导。务使通讯社及报纸的宣传,完全符合于党的政策"①。作为教材学习的,正是《解放日报》发表的关于如何使报纸增强党性的系列文件。由此可见,在当时的历史情境下,既然已经将"全党办报"确立为正确路线,将最可能对它构成威胁的"同人办报"具象描述、先行叫破,的确可以防患于未然,而且必须。

## 二、从"同人办报"到"同人报"

在目前能看到的文献里,"同人报(纸)"一词最早出自陈铭德。在 1957 年 5 月 17 日记协召开的第一次新闻界人士座谈会上,他提出要办"同人报"。② 到目前为止,陈铭德的这次发言,也只能在《人民日报》上看到大概,他心目中的"同人报(纸)"到底是怎样的,具体细节无从得知。但在同一天的同场合,邓季惺却建议在现有的几张非党报纸之外,在各地再创办几家集体所有制的报纸。③ 陈、邓夫妇所说的应该是同一回事情。也许因为较为醒目,5 月 18 日,也就是这次座谈会的最后一天,邓季惺也使用了这个提法。④ 他们何以要提出"同人报"这个名称,具体原因目前难以查考,但从 1957 年的历史情境中仍可大致把握个中的理路。1956 年后,全社会范围内的社会主义改造已经完成。在此后相当长的时间内,生产资料悉

---

① 复旦大学新闻系.中国报刊研究文集[M].上海:上海人民出版社,1959:16.中央书记处关于报纸通讯社工作的指示(1942 年 10 月 28 日)从时间上看,这里所说的西北局作法当是指《中共中央西北局关于解放日报工作问题的决定》(1942 年 9 月 9 日通过)中所规定的各种做法。西北局每月讨论一次《解放日报》关于边区问题的宣传方针;《解放日报》编辑部和西北局相互派人列席会议;各级党委必须汇报对《解放日报》所做工作;各分区党委和县委宣传部长担任《解放日报》通讯员;各机关学校负责同志要经常为《解放日报》写文章;各级党组织、党员,如受到《解放日报》批评,应在最短期间作出答复,否则将受党纪制裁。

② 新闻工作者座谈会继续举行、老报人批评现在报纸的缺点[N].人民日报,1957-5-18(2).

③ 朱正.1957 年夏季:从百家争鸣到两家争鸣[M].郑州:河南人民出版社,1998:339.

④ 首都新闻工作者座谈会结束提出许多新闻理论和实际工作中的问题[N].人民日报,1957-5-19(2).

属公有,不仅是现实状态,更被公认为理所当然。在这种情况下,还要办非国有报刊,唯一可能的所有形式就只能是同属公有的集体所有制。换句话说,在陈铭德、邓季惺那里,"同人"其实就是"集体"的同义词。论述至此,已经可以很清楚地看到,按照陈邓的原意,中国大陆的历史上,这样的"同人报"其实就根本没有真正存在过,顶多只能算是并不完整的构想。此时正是"大鸣大放"的高峰期,陈、邓的讲话又是刊登在《人民日报》上,"同人报"也就随之流传开来。

也正因为在社会范围内,这一提法既声名远播,具体含义却并不分明,才成了什么都可以往上放的"箭垛式"表述。各方人士在袭用来表达自己的想法时,所指的其实未尽相同。例如在此后的 9 月 5 日,《新湖南报》头版刊出新闻,称唐荫荪、钟叔河、朱纯等五人,"阴谋篡改党报的政治方向",要创办"同人报"①。被点名批评的五人,当时都是湖南省委机关报的记者和编辑,他们想办的只是一份新的报纸,未必就如邓季惺所说的那样,属于集体,而非国家所有。

陡然之间,"同人报"名声大作,自然也引起决策层的关注和解读。在解读的过程中,当然也包括对提出者动机的推测。"同人",在前资本家陈铭德、邓季惺那里,固然体现的是他们心向公有。但在共产主义者那里,却更像是小群体、小团伙的代名词。何况如前所揭,早在十多年前,"同人办报"就既在党报理论中被赋予了明确的含义,又被确认为"全党办报"最大的现实对手。建国以后,对私营报业社会主义改造快速完成。到了 1952 年,全国新闻机构悉归国有,不仅在政治上,而且在组织上,都直接归属党所领导。这样的所有制状况,跟延安时期的根据地并无二致。在这种情况下,能对"全党办报"构成挑战的,仍然有且只有"同人办报",它依然受到高度的警觉。"同人报"的提法,既无形中触及底线,又含糊不清,难怪会引起联想乃至怀疑。适逢其会,在 5 月份的第一次座谈会上,诸多老报人对报业的现状又都颇有微词。例如也是在 5 月 18 日,毛健吾又建议得让"老报人归队"。② 陈、邓夫妇在历史上并非全然是革命的同路人,毛健吾的政治履历就更是复杂,公然提出这样的建议,也未免太不避嫌疑。他们的建议时间上却又如此接近,这样一来,原本可能只是随口一说的"同人报",就极易被叠加上各种意义。须知"全党办报"早就被确立为办报的唯一正确路线,同样是办党报,同样是由党员来办报,"同人办报"

① 朱纯.关于"同人报"[M]//钟叔河.偶然集.南京:江苏古籍出版社,2003:31-36.
② 首都新闻工作者座谈会结束提出许多新闻理论和实际工作中的问题[N].人民日报,1957-5-19(2).

都已经不正确在报业已经完成社会主义改造的情况下，还要办根本就不是由社会主义者来掌控，也并非党报的"同人报"，也就更背离了"全党办报"。"同人报"之于"同人办报"，其性质已经截然不同，已经不是工作路线，而是基本立场的问题了，必须迎头痛击。

到了6月24日，陈铭德在第二次座谈会上宣布收回这一建议，并且表示要检讨自己错误的思想根源。① 这次发言，同样也是刊登在《人民日报》上，在定性为错误的同时，"同人报"却又再次扩撒了开去。当然，这次是被附带上权威的诠释。1958年5月，邓拓这样论断："他们要办'同人报'，同我们唱对台戏。什么叫作'同人报'呢？这本来是在资产阶级个人支配下'自由组合'的产物，它是资产阶级用来掩盖自己的政治目的的一块假清高的照牌。在我们这里，资产阶级右派分子抬出这块招牌是毫不足奇的。他们所说的'同人'当然是一班志同道合的人。但是，人们不禁要问：他们是什么志相同，什么道相合呢？如果不是社会主义思想的志同道合，就一定是资本主义思想的志同道合。不可能有非资本主义也非社会主义的志同道合（当然，也许还有封建主义的志同道合，那更应该打倒了）。"②

综上可以看出，"同人办报"和"同人报"之间，到底存在怎样的关系。概而言之，在当时的语境下，"同人"的所指大不相同。前者描述的是运作模式，要办的仍然是党报。后者则侧重于所有形式，试图在国家所有之外办报，有所保留。而从意义的建构过程看，"同人办报"从一开始，就是在党的理论体系下，是先被统一的逻辑严格地描述和辨析，然后再付诸传播；"同人报"却是原本面目含混，在被匆匆公布以后，再被不同的阐释者分别地赋予含义，由于预设前提和判断标准不尽相同，对"同人报"的理解自然也就大相径庭。

从观念本身也是在传播中流变的角度看，两者之间的相关不仅是偶合。即使陈铭德完全是信手说来，唐荫荪、钟叔河、朱纯等人本身就是党报成员，对于"同人办报"，即使是作为反面教材，也应当相当熟悉。这恰足以说明，早在延安时期，就体系完备的党报理论，在1949年以后，又在全国范围内被进一步确立为正轨，在有所凭借之下广为流传。数年之间，已经浸润为业界中人共同的思维框架。乃至于无论出于怎样的动机，持有怎样的具体构想，也不管是否了解个中原意，乃至真意，

---

① 在新闻工作座谈会上批判顾执中的资产阶级新闻观点[N].人民日报,1957-6-28(2).

② 邓拓.新闻战线上的社会主义革命：在中共中央直属机关、中央国家机关、中共北京市委和人民解放军驻京部队干部大会上的报告[J].新闻战线,1958(5):12—19.

只要想对自己的主张有所表述,也只能在其中既有的表述中来寻找话语资源。从起源看,"同人报"一开始的确是以"机关报"为参照提出。更确切地说,是在"机关报"已经被确立为正统、主流的情况下,以自认配角来寻求聊备一格。所以,因其建构方式,"同人报"始终难以,甚至不可能成为一个严谨的"概念",而只能是一个在语境中被赋予意义的"观念"。经过那场事件,"同人报"声名鹊起,几乎人所共知。但是,对它的不同理解,可以说是各说各话。但除了"同人报"是"非机关报"以外,在内涵上却难以形成共识。

随着时间的推移,当年的情境逐渐淡去。本意的含糊、声名的显赫、语境的消散,三重因素相互叠加,使得"同人报"的具体面目仍是模糊到连来龙去脉都不甚分明,却又带着"非机关报"的定位,进入人们的集体记忆,乃至成为表述的元词汇。因此,人们往往既难以分清它究竟只是未能实现的构想,还是的确存在过的现实,但论者会在"非机关报"的基础上按照自己的理解来使用。自然,只要所描述的对象的确并非"机关报",就不至于出现言说的窘迫。由此,也就不难理解,为什么这个既是后出,在实际中又从无严格的对应之物的词汇,会像本章开头部分所引两条条目那样,被用来描述诸多既是先有又是现实的存在。这种情形,恰如休谟所说,"在我们习用了任何一种名词以后,则它虽没有任何清晰的意义,我们也容易想象它附有了一种确定的观念"①。

---

① 休谟.人类理解研究[M].关文运,译.北京:商务印书馆,1957:23.

附　录

问题与路径：1978—1981 年的新闻理论研究

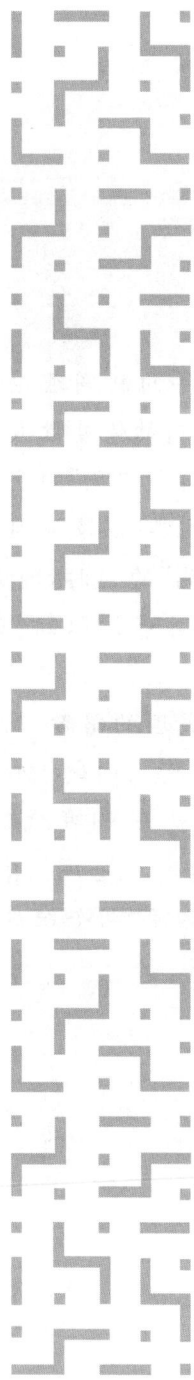

1978—1981 年的新闻理论研究,在成果的数量和质量上,既是对此前的恢复性成长。研究的宗旨又呈现出明显的现实取向,对"乱"的反思是研究者共同面对的主题,对"帮派新闻学"以及成因的驳斥是它们共同的起点。当然,在"拨乱"的同时,还必须"反正"。而他们对什么是"正",如何才能认识到"正",在立场判断和认识路径上的差异,也就为新闻理论的后续发展,带来了未尽相同却又各自成理的路数。沿着这种由问题而发现路径,又由路径而衍生问题,初步形成的新闻理论研究的学术共同体,这就为 80 年代新闻理论研究的兴旺,既打下了基础,也奠定了基调。本章就将以此为中心线索,从"问题"和"路径"两个维度,勾勒这几年新闻理论研究的概况。

　　大致而论,1978—1981 年的新闻理论研究呈现出三个特点。第一,在问题的讨论和研究上,在坚持基本政治原则的前提下,不断突破此前的藩篱。不仅对"文革"时期的乱相进行深入的反思和剖析。还从时间和逻辑的维度上,对乱相的来龙去脉如实的探究。这不仅需要时间、精力和智慧,更重要的是,还需要足够的勇气。第二,中国大陆的新闻理论原本就根基较弱,即使在"文革"以前也未能形成完整的理论体系。在 1978 年,新闻学的"家底"不仅跟与历史学、法学、社会学等曾经有过丰厚积淀的学科相去极远。即便是在内部,新闻学距离其他两个重要分支——新闻史和新闻业务也有明显的差距。[①] 此时的新闻理论研究所要做的还不是兴灭继绝,而是白手起家。可就是短短数年间,其发展可谓一日千里。不仅涌现成批的高质量专题研究成果,还建构出较完备的框架体系。这样一来,新闻理论研究不仅扭转了此前的薄弱地位,而且走在整个新闻学研究的最前沿,直到30 多年后的今天,不仅在新闻传播学领域中的核心优势仍然无可动摇,还从中衍生出诸多极富生机和力的新兴分支。第三,新闻理论从几乎一片空白到迅速取得可观的成果的框架,既得益于时代的召唤,也是研究者群策群力、精勤耕耘的结果。

　　将观察的视野再细化点,从知识生产的角度看,这一时期的新闻理论研究,还具有两个特征:其一,高校新闻系和研究所比翼齐飞、并驾齐驱。在高校方面,中国人民大学新闻系和复旦大学新闻系都源远流长,虽经"文革"重创,但仍然各自拥有一批在同行中堪称上乘的师资力量。在较为宽松的环境下,上至王中、甘惜分、宁树藩、林珊、余家宏等前辈,中及何梓华、成美、丁淦林、郑兴东等任教多年、年富力强的中年骨干,加上童兵、李良荣、郑保卫等正在攻读研究生,却人近中年,更亲身经历建国以来种种沧桑的"年轻人"。转眼之间就既各有专注,又梯队完备。在研究所方面,规模最大、水平最高的,首推 1978 年成立的中国社会科学院新闻研究所。相对人大、复旦而言,温济泽、安岗、戴邦这代开创者多来自新闻领域的第一线,他们对过去新闻界的种种,有着更加亲身的体验,还与领导层保持着直接的关系。因此,社科院新闻所的学风更加贴近一线和敢言能言。此时的社科院新闻所还拥有最为庞大的研究生群体。开放的学风加上人员、资料的数量优势,使得社科院新闻所在稍后的 80 年代中后期,得以在同行中处于全面领先的位置。除了中国

----

　　① 中国大陆的新闻史研究,虽然在 1949 年前后也有过研究人员的世代更替,成果数量却相当可观。仅方汉奇一人,1957—1962 年,就在《新闻战线》上发表 17 篇文章。

社会科学院新闻研究所以外。这一时期,各省、市、自治区相继出现具体而微的类似机构,这类研究机构通常是靠在本省的党委机关报或者新闻协会下边,由已经或者临近退休的老新闻工作者主持。它们中的绝大部分人力物力并不丰厚,甚至连人员的正式编制也没有,更未招收研究生。随着岁月推移,当创始人或是年事已高甚至谢世,这些机构逐渐不为后来者所知。但在当时学科刚刚重启,新闻院系远未如后来那样遍地开花,在相当多的省级区域,专业的新闻学研究者几近于零。这些机构的存在,对新闻理论,乃至新闻学在所在区域的引入和扩散,起筚路蓝缕之功。如甘肃省新闻研究所的张默,黑龙江新闻研究所的万联众,陕西省社科院的何微、陈步南……这些机构和人物的名字,实在应该永远被后来者所铭记。其二,出现了一批以新闻理论论文为重心的学术刊物。《新闻大学》(复旦)、《北京广播学院学报》(北广)、《新闻学论集》(人大)一直延续到现在。诸如《新闻学研究》(复旦)、《新闻学研究资料》(黑龙江)虽然已经不再出刊,但实际上也融入其他学刊。这些刊物的出现,既为新闻理论研究的开展提供了传播的平台,更为学者的争论和交往创造了渠道。

## 第一节　共同的核心话题:拨乱反正

"拨乱反正"源出《公羊传》"拨乱世,反诸正,莫近诸《春秋》",在当时的语境中,多被用来特指纠正"左"的错误,使局势趋于稳定。其时间大致开始于1978年,收结于1980年代初期。在事件上,开端于大规模地平反"文革"期间的冤假错案,深化于关于真理标准的大讨论,成形于十一届三中全会对基本路线的调整,完成于十二大上对社会主义本质的深化认识。"拨乱反正"是党在指导思想、工作路线、组织人事上,从"十年浩劫"和两年徘徊中摆脱出来,走向以改革开放为中心的全面建设有中国特色社会主义新时期的必经环节。

在经典的马克思主义社会观中,包括新闻传媒在内的文化事业,向来被看作上层建筑的重要组成部分。相对于其他产业门类而言,与政治的关系更加密切和直接。如果不对新闻业究竟是什么,源于什么,在整个社会运作过程中究竟应该诉诸怎样的方式,起怎样的作用这一系列问题,做出既合乎社会实际又与革命导师的教导相吻合的回答与解释,势必会影响"拨乱反正"在思想层面的完整性和彻底性。同时,包括报刊观念在内的文化事业观和意识形态观又是"文革"中的重灾区,受"在无产阶级专政条件下继续革命"等错误思想的误导尤其严重。因此,以上述这些具体问题为核心,对新闻理论进行正本清源显得尤其必要和迫切。

"拨乱反正"也好,"正本清源"也罢,作为根本原则的意义当然不言自明,要加以具体落实却并非易事。究竟什么是"乱"? 又当遵奉什么为"正"来加以评判、纠正? 究竟何为"本",何为"源"? 首先需要解决的仍然是标准和尺度的问题。"文革"期间的报刊观念和报刊实践,自然是"乱",然而是何等原因造成这样乱相? 这些问题,在今天来看自然已经是完成时。但以体察的视角来回顾30多年来的情形,仍然可以感受到先行者面临的艰难、艰辛,甚至是风险。这种既愿意为探索真理不惜一己得失,在面对诸多难题时又必须严谨审慎的处境,在当时又岂止是新闻理论研究者和新闻工作者独自面对? 好在这几年里,人文社科的整体研究环境不断改善,在新闻理论研究领域内,再也没有出现因言获罪、因人获罪的现象。这就使得研究者在面对和围绕"拨乱反正"这个共同主题时,只要能够做到逻辑上的自洽,就可以秉持不尽相同的主张、取向和研究路径。

## 一、第一种路径:直接拨乱

所谓直接拨乱,是直接以"文革"时期(尤其是源自"四人帮"的)关于报刊的论调作为驳论的对象,由破而立地建立起既符合马克思主义基本原理又切合中国新时期建设实际的党报理论。它可用当时使用频率极高的一句话概括——把被(四人帮)颠倒的路线再颠倒过来。在这种范式下的新闻理论研究,在结构上大致遵循着"提出驳论对象—展开驳论—确立自身结论"的模式。综合所论问题和概念在党报理论中的重要性,综合论证的力度,产生的影响看来,在1978—1981年,此类论述当以成美的《坚持无产阶级党性原则的几个问题》(《新闻学论集》第1辑,以下简称"成文")、陈业劭的《社会主义新闻事业是不是"无产阶级专政的工具"》(《新闻学论集》第2辑,以下简称"陈文")为典范。

在党报理论中,"党性"是至关重要的概念。包括党报在内的意识形态战线向来举足轻重。"文革"时期,虽然取消中宣部,"宣传口"却始终被"四人帮"把持掌控。他们凭借"两报一刊"的特殊地位,运用"小报抄大报、大报抄梁效"的运作模式,对新闻传媒的操控可谓得心应手,对国家和人民造成的损害也历历在目。这种后来被称为"帮报""派报"的运作模式所以能够得势,除了"四人帮"的政治身份优越,也是很长一段时间内,对"报刊是无产阶级专政的工具"的解释越来越"左倾"和片面,乃至于流入"思想专政论"和"报刊专政论"的误区所致。

要驳倒"帮派新闻学",首先就要在逻辑上摧垮它的"理论基础"。具体而言,就是必须证明"帮派新闻学"对"无产阶级专政工具论"的解释违背了马克思主义的根本原理。因此,"帮派新闻学"对"党性原则"等问题所做出的诠释都是立不住脚的,是伪马克思主义的。陈文引援马克思《哥达纲领批判》,列宁《被旧事物的破产吓坏了的和新事物而斗争的》《俄共(布)党纲草案》《共产主义运动中的"左派《幼稚病》以及毛泽东《论人民民主专政》中对"专政"的论述,对"报刊是不是无产阶级专政的工具"和"报刊是怎样的,无产阶级专政的工具"两个命题进行了辨析。陈文认为,报纸的确是无产阶级的专政工具,在新时期也应当继续为无产阶级总的事业而服务。但是,"实行专政的工具"与"实行专政的暴力工具"并不等同,应该采取思想批判的方式,通过说理斗争来进行。思想批判本身剥夺不了,也不能剥夺被批判者的任何政治权利,不能对被批判者使用任何暴力。因此,思想批判与以暴力手段为依托的,以剥夺被专政者权利的直接的"实行专政"有性质上的差异。林彪、"四人帮"对"报刊是无产阶级专政工具"的歪曲、滥用,也正是基于对两个命题、两种手段的刻意混淆。① 而且,由于民族资产阶级在我国向来就属于人民的范围,所以简单得地"对资产阶级实行全面的专政",本身就并不妥当,就更不要说以新闻报刊作为对资产阶级实行全面专政的工具。②

成文在论述何谓"无产阶级报纸党性原则"时路径大致相同,依据革命家的原著来驳斥"帮派新闻学"的错误。该文刊印于 1980 年 9 月,此前召开的第十一届五中全会正式平反了刘少奇冤案。因此,刘少奇在 1948 年 10 月对华北记者团的讲话,也就从被批判的"毒草"一变而为展开批判的理论论据。成文认为正如刘少奇这次讲话中提及的无产阶级报纸的党性和人民性的统一、新闻工作者对党负责和对人民负责的一致性、报纸应当做好党联系群众的纽带等观念才是对我国党报优良传统和作风的总结。这体现了马克思主义政党的郑重态度,表现了共产党人对人

---

① 陈业劭.社会主义新闻事业是不是"无产阶级专政的工具"[M]//新闻学论集:第 2 辑.北京:中国人民大学出版社,1981:55.

② 陈业劭.社会主义新闻事业是不是"无产阶级专政的工具"[M]//新闻学论集:第 2 辑.北京:中国人民大学出版社,1981:63.

民的极端负责和无限忠诚,是中国无产阶级新闻学的宝贵财富①。林彪、"四人帮"对此类马列主义新闻学基本观点横加污蔑,在"对资产阶级实行全面专政"口号下,强加民意,扼杀民主,借报纸大搞造神运动,制造现代迷信,在"事实为政治服务"的口号下,捏造事实,篡改历史,制造冤狱,残害人民,"这种报纸,如果说它有党性的话,那也只是法西斯的党性,它跟无产阶级的党性是水火不相容的"②。因此,对"报纸的无产阶级党性"应该是什么又不是什么进行正本清源的梳理,"把颠倒了的理论是非颠倒过来"既是科学探索的必要,更是现实工作的当务之急。③从工作路线上看,报纸的确是批判的武器,但是这种批判的力量绝不是来自辱骂和恐吓,而是来自真理,只有使人民信服,才能使敌人害怕。"依靠写作班子办报,既是对全党办报的违背,又会使群众和党报的联系多一层阻碍",因为"写作班子的任务既然是给报纸写稿的,稿件见报就成为它努力争取的目标;这样,就很容易服从于个人意志和利己的目的,就很容易按照'事实为政治服务'的逻辑办事……在一定情况下,说假话成为自然的结果"④。这种研究路径当然具有鲜明的对策性色彩,遵循的论证线索也是藉破而立,在当时具有无可置疑的现实意义和当下价值。实际上,直到20世纪90年代以前,这种对策式的研究一直是中国大陆人文社科研究的主流。

## 二、第二种路径:径直"正本"

然而,弄清楚什么是"乱",却未必就能回答什么才是"正"这一问题。单凭"拨乱",驳斥了"乱"得以产生的思想根源,厘清了在无产阶级革命思想整体上正确的前提下,为何会出现"文革"乱相这样的畸变末流,也不足以建构起既具有现实的指导价值,又在逻辑上架构上齐整完备的党报理论。因此,对"正"的理解和诠释,必然是绕不开的必经环节。相对而言,"反正"虽然和"拨乱"在理论上可以算是一体两面,实际操作起来却明显有难度,也更需要深度。因为这样做必须既要确定自身的立场,还要自行选择问题作为讨论的切入口。

---

①② 成美.坚持无产阶级党性原则的几个问题[M]//新闻学论集:第1辑.北京:中国人民大学出版社,1980:39—40.

③ 成美.坚持无产阶级党性原则的几个问题[M]//新闻学论集:第1辑.北京:中国人民大学出版社,1980:37.

④ 成美.坚持无产阶级党性原则的几个问题[M]//新闻学论集:第1辑.北京:中国人民大学出版社,1980:48.

作为导师中的导师,马克思关于报刊的论述自然是无可置疑的正中之正。然而在恩格斯、列宁、毛泽东等其他导师那里,相关论述与马克思不尽相同也所在多有,甚至在马克思本人那里,在不同的年代、局势、事件背景下,对报刊和新闻的论述,单从字面看,也不完全一致。对这种情况又将如何分析、评价乃至处理?"正"的边界究竟在哪里,都需要正面的回答。就基本立场的选择而言。这一时期的新闻理论研究中存在两种思路。一种是以甘惜分在《对新闻理论几点分歧意见的看法》为代表,全部接受列宁、斯大林、毛泽东的新闻观点。对马克思、恩格斯的新闻观点,在接受的扬弃。具体而言,就是在认可马恩晚年关于党的机关报论述的同时,不把他们早年的,如"人民报刊""第三因素"等观念看作无产阶级党报思想的当然组成部分,不作为"我们研究新闻学的指导思想"。① 作者对此的解释是"在马克思、恩格斯革命活动的早期,还没来摆脱唯心主义和资产阶级民主主义的影响"。1848 年革命以后,尤其是越接近晚年,"他们的思想才越加成熟,为无产阶级和党的事业的斗志越是坚定。他们的办报思想也是如此"。② 从这段话中,自然可以看出,并存的另一种路数就是认为应该对马克思早年的报刊观念给予同等重视。实际上,这也正是"青年马克思"与"老年马克思"这一话题在新闻学领域内的体现。

仅就 1983 年的情况看,无论是在新闻理论研究界,还是在整个人文社科学界,这两种路数,论证上各有所据,理数上各自成理,声势上平分秋色,为学科在问题上的扩展、探讨上的深度都做出了切实的贡献。说得更细致一点,前一种路数在党报理论框架的建构上见长,后一种路数有助于更加完整地认识马克思等人的报刊观念及其流变。如果视野稍微放宽,不仅局限于直接就理论而谈理论,还可以看到另一种做法——在这两种路数之外,又为它们提供共同的论说话题和依据。首先,根据眼下可得的材料,对无产阶级报刊活动的历史做出尽量详尽的梳理,或者是对相关的基本文献进行整理和汇编。这方面的代表著作当属中国人民大学新闻系编撰的《马克思恩格斯报刊活动年表》、中国社会科学院新闻研究所编撰的《中国共产党新闻工作文件汇编》,以及北京广播学院新闻系编撰的《中国报刊广播文集》。《马克思恩格斯报刊活动年表》正式出版是在 1983 年,但两位主要作者童兵和郑保卫,

---

① 甘惜分.对新闻理论几点分歧意见的看法[M]//新闻学论集:第 3 辑.北京:中国人民大学出版社,1981:141.

② 甘惜分.对新闻理论几点分歧意见的看法[M]//新闻学论集:第 3 辑.北京:中国人民大学出版社,1981:142.

在 1978—1981 年(攻读硕士研究生期间)大体完成资料的搜集、整理工作。《中国共产党新闻工作文件汇编》汇集了从建党初期到 1949 年,中共中央关于党的出版事业和党报的大量一手文献,其中相当部分首次公诸于众。从研究看,代表性的论文有蓝鸿文《马克思恩格斯和〈新莱茵报〉编辑部》(《新闻学论集》第 1 辑,1979 年)、赵水福《列宁领导〈经济生活报〉的实践给我们的启示》(《新闻学论集》第 1 辑,1979 年)、李廉《周恩来同志与南京〈新华日报〉》(《新闻学研究资料》第 1 辑,1979 年)、金耀云《长征途中的〈红星报〉》(《新闻学研究资料》第 1 辑,1979 年)等。在这些论文中,对后来的新闻学研究影响最大的,当属《马克思恩格斯和〈新莱茵报〉编辑部》

# 第二节　新闻学的根本问题

基本立场的选择自然重要,但知识体系的建构成败归根到底取决于对各个具体问题,尤其是根本概念的论述,是否达到必须的深度。王中曾将"新闻价值"称为"新闻学的第二课题","第一课题"当然就是什么是新闻。[①] 本节将按照这个顺序,对当时的相关研究略作介绍。

## 一、什么是"新闻"

在新闻理论里,"新闻"是什么,当然是逻辑顺序上必须首先面对的问题,然而这也是在理论建构中,最难给予周全回答的问题。首先,汉语中的"新闻"一词原本就有多种含义,其中根本没有可以和"news""press"等英语词汇完全对等的义项。其次,前人或是走格义的路子,往古籍今典中下训诂比附的功夫,结果反而越理越乱,或是虽然依托于具体的语境,给出能够自圆其说的定义,但从"概念"的角度来看,却未必周延。而 1978—1981 年,甘惜分和王中正是从各自的观察视角下,为这个最根本的问题提出了两种各自完备的解释。这不仅确立了他们在当代中国新闻理论研究中双峰并峙的学术地位,还为后来的新闻理论研究开辟出两条虽然各有

---

① 王中.新闻学的第二课题[J].新闻大学,1982(4):3—7.

侧重但都极富学理价值的道路。

甘惜分对"新闻是什么"的论述,基本集中在 1979 年撰写,1982 年出版的《新闻理论基础》。在全书公开出版以前,《新闻学论集》第 1 辑以《"什么是新闻"——关于新闻的定义》为题,发表了其中的相关部分(以下简称"甘文")。甘文的论证是从对最经典的"新闻是新近发生的事实的报道"的辨析展开。甘惜分认为这个定义"表明了新闻的特性:它只是如实地报道事实,既反对对事实的捏造,也反对像文学艺术作品那样塑造典型形象,而且具有鲜明的时代的战斗性。所以是正确的,是唯物主义的",但是还不够准确,没有对新闻报道中的复杂性作出科学的概括,"只说对了真理的一半,而忽视了真理的另一半",也就是"没有对新闻报道的阶级性做出必要的科学概括",没能完备地阐述报纸、新闻在反映舆论、影响舆论和组织舆论方面的作用。[①] 因此,甘文也就试图将它补充得更加完整和准确。

沿着这一思路,就必然会内在地衍生出三组问题:第一,作为报道的新闻,能对社会舆论产生怎样的作用? 第二,这样的作用又是通过怎样的过程产生的? 在作用的过程中,又有哪些因素影响、制约着作用产生的具体情形? 第三,应该如何去运用报刊、运用新闻,才能起到最理想的影响舆论的结果? 说得更清楚一点,如何才能既在新闻报道中贯彻对阶级性、政治性的体现(这是党报理论必须遵循的根本出发点又解释清楚它的服务功能)。甘文引入"社会",更确切地说是,是共时性的社会关联,作为统摄它们的框架。他将新闻是什么,又应该怎样运作,置放在整个社会系统运行的宏观背景下,尤其是事实—新闻报道者—新闻接受者三者之间的多重互动关系下来加以考察,指出这三个构成要素既具有自身的主体性又彼此勾联互动、互动塑造。具体而言,事实是在主观意识之外客观独立的存在,它是新闻报道的起点和来源。但在事实到新闻的过程中,新闻报道者处在关键性的地位,因为新闻报道者本身必然具有一定的政治倾向性,连带着使得新闻报道也具有政治倾向性。在传播过程中,新闻报道者既受事实的制约,必须报道事实,同时也通过在新闻表达中的体现,来制造、影响舆论。[②] 因此,"世界上的新闻机构千家万家,它们分属于不同的阶级和集团,它们各自从自己的利益和世界观来挑选自己认为最

---

① 甘惜分.什么是新闻——关于新闻的定义[M]//新闻学论集:第 1 辑.北京:中国人民大学出版社,1980:14—16.

② 甘惜分.什么是新闻——关于新闻的定义[M]//新闻学论集:第 1 辑.北京:中国人民大学出版社,1980:26.

重要的事实作为新闻加以发布"①。基于以上考察,甘惜分认为对新闻的定义应当
修订:"新闻是报道或评述最新的重要事实以影响舆论的特殊手段。"②因为新闻具
有如此显著的社会功用,而这些功用的存在又根植于客观的社会现实,所以在新闻
报道过程中,就必须格外尊重新闻工作的客观规律。简而言之,报刊(尤其是党报)
应遵循的新闻工作客观规律便是"舆论机关、政治倾向、依靠群众、事实说话、实际
出发、经济决定、迅速广泛"③。

王中对"新闻是什么"的诠释首见于《论新闻》。这是他复出后公开发表的第一
篇论文。该文不仅将他简洁明快、扼中要害的文风展现得淋漓尽致,而且更重要的
是,这篇论文体现了另一种完全不同的研究路径,就是其从无到有,从小到大的发
展历程来剖析新闻传播和新闻事业,从其自身流变来透视它们在社会中的发生机
理。《论新闻》认为新闻活动与人类社会始终同步相伴,同步发展,人类社会传递信
息的需要使得新闻传播的产生成为必然。新闻传播活动的发达程度又是以社会生
产、交往的发展水准为基础,资本主义生产方式的出现促成了整个社会结构的改
变,大大扩充了社会的规模,加速了社会的变动,加强了各阶级、各阶级成员之间的
联系,在这种情况下人类的新闻活动数量之大、形式之多,当然是以往任何社会形
态所不可比拟的。④根据对新闻活动的历时考察,王中得出这样的结论:"不同的生
产方式决定的四种社会结构不同,社会的规模不同,关系的繁简不同,变动的迟速
不同,因而新闻活动的内容和方式也就不同。但它们都存在着新闻活动。因此,我
们可以简明地概括为:关系决定需要,变动决定新闻。"⑤正是因为将新闻活动、新
闻事业看作既体现社会交往水平的,又始终贯彻、成长于社会发展中的社会存在,
王中才顺理成章地得出以下的定义:新闻是新近变动的事实的传布。此后,新修版
的《辞海》对"新闻"的解释,就是由此而来。

从上述对比不难看出,甘惜分对"新闻是什么"的诠释是以新闻在社会运行中
的现实状态和实际功用为观察的切入点,在党报理论的基本前提下,他对新闻(以及

---

① 甘惜分.什么是新闻——关于新闻的定义[M]//新闻学论集:第 1 辑.北京:中国人民大
学出版社,1980:28.

② 甘惜分.什么是新闻——关于新闻的定义[M]//新闻学论集:第 1 辑.北京:中国人民大
学出版社,1980:30.

③ 甘惜分.关于新闻工作的客观规律问题[M]//新闻学论集:第 2 辑.北京:中国人民大学
出版社,1980:12.这是甘惜分在 1980 年西北五报新闻学术讨论会上的发言稿。

④⑤ 王中.论新闻[J].新闻大学,1981(1):11—16.

新闻机构)的运作模式的描述实际上属于结构—功能主义的分析方法。王中以"新闻"的起源和演变为观察的线索,以其本身作为考察其与社会其他部门互动和关联时的中心和本体,所采用的考察方法更近于历史主义。两相对比,前一类基于从结构到功能的探索,更有利于从共时的角度,对事物在具体的时空环境下所处的社会关系进行全面的展示,也更容易在实际运用中"上手"。而后一种历史主义的考察,则在探求事物何以会是,又是怎样演化成这样的方面纲举目张。借用中国学术史上常用的说法,前者深芜,后者简约。当然,现在还没有证据表明这两位前辈宗师分别受过结构—功能主义和历史主义的文献训练,但正因为他们极有可能完全是从自主的思考中提炼出方法与路径,这样的探索才格外难能。如果对其间的语境和脉络并不完全隔膜,时隔多年来读他们的文字,仍不难感受到其中的淋漓酣畅。

沿着这两种各自成立,相互之间又不可替代的研究路径走下去,当然形成不同的学风。遵循功能主义的研究方式,必然会不断继续地探求新闻活动、新闻事业与同时的周边各个领域究竟存在怎样的关联,因此在范围上会呈现出不断推进的外向展拓。沿着历史主义的研究路径,自然会持续地重新梳理和认识考察对象的演化历程,包括哪些被习以为常的术语和概念究竟是如何被建构出来的,因此在研究方向上会展示出逐渐的内在深入。也许正是因为此中缘故,两位宗师及其同道与后学此后的治学对象和方法上呈现出更明显的差异——当然,对于这个学科而言更是和而不同。此后甘惜分致力于舆论调查研究,创立了中国人民大学舆论研究所。王中与宁树藩相辅相成,着力于从历史中发现和定位传播业与社会的关系,因此他会去关注"竖三民",考察《民立报》的迂回宣传,指导弟子关注报纸的源流、报刊文体的变更。其实这种从历史中寻求答案的方式,在王中那里,早在50年代关注"飞报"的时候就已可见端倪。这些前辈宗师各自遵循的路径,乍看上去颇有差异,细究起来也确实不同,然而却都为学术研究,尤其如当时正处于开创阶段的新闻理论研究乃至新闻学研究所必需。事隔30多年,不管是否对此有所察觉,我辈所学所治何尝不仍是筑基和受益于此?

## 二、新闻价值

只要承认新闻业有其必须被尊重的规律,接下来就绕不开"新闻价值"。如何处理无限的事实和有限的版面的矛盾?在新闻选择的过程中,应该遵循怎样的标准? 不同性质的新闻事业是否有共通的衡量尺度? 紧跟着,"新闻源于事实"再度得到确认,"新闻价值"也就不再是忌讳,重新成为可被讨论的话题。在1978—1981年,其中以郑兴东《论新闻价值》(《新闻学论集》)(第2辑)论得最为周详。

郑兴东1953年从复旦大学新闻系毕业以后,相继在北京大学和中国人民大学教授"报纸编辑"等业务课程,在"文革"前曾长期担任蒋荫恩教授的助教。在新闻理论的概念体系中,新闻价值既与实务操作最为贴近,又能在很大程度上得到量化衡量。结合具体业务来谈这个问题,也就既易上手,更能让讨论有明确的应用价值。《论新闻价值》一文正是以对报纸版面、新闻标题、新闻内容的取舍得失为切入点,"根据无产阶级新闻学的基本观点和我国报纸的历史经验",对新闻价值的内涵进行了具体的界定和阐述。[1]该文将新闻的价值所在划分为"及时""新意""重要"三个方面,并对每个方面具体包含哪些衡量因素,做出了进一步的论证。在"及时"的项目下,郑文着重于辨析在事物的四种变动状态中哪些才足以构成新闻。在"新意"的项目下,则试图通过"纵的"即事物本身的前后比较,以及"横的"即这一事物与其他事物的比较,来区别判定事物是否在社会意义上具有新意,判定新意达到何种程度。[2]而在"重要"的项目下,该文阐明了新闻与读者、新闻内容与实际生活这两对关系,是决定事件与新闻重要与否的基本因素。虽说在此前的相关论述中该文所述及的新闻价值的各个组成部分,也多曾被提及。但是以事实和新闻对于社会的意义为中心,将它们整合融汇成结构严整、前后贯通、层次分明的体系,在中国新闻学领域却系首创。在主体部分以后,郑文还对资产阶级新闻学中关于新闻价值的基本观点,尤其是它跟无产阶级新闻学的新闻价值观存在的区别有所辨析。该文认为,两种新闻价值观的区别,主要在于对读者兴趣的理解差异。资产阶级新闻理论所说的读者兴趣,往往偏重于读者的直接兴趣,在资本主义社会下,片面强调读者兴趣,尤其是读者的直接兴趣,势必导致对读者的某些不健康的、甚至低级趣味的迎合。而且资产阶级新闻学常用资产阶级的兴趣来代表读者的兴趣。[3]

两年后,郑兴东在《再论新闻价值》中,对自己构建的这个理论体系又做了进一步的严整化。《论新闻价值》是在对"新闻价值"的内涵做出正面论述,《再论新闻价值》则是对它与相关命题进行了有效的区隔。这篇论文认为探讨新闻价值,也就是

---

① 郑兴东.论新闻价值[M]//新闻学论集:第2辑.北京:中国人民大学出版社,1980:63.

② 郑兴东.论新闻价值[M]//新闻学论集:第2辑.北京:中国人民大学出版社,1980:65.

③ 郑兴东.论新闻价值[M]//新闻学论集:第2辑.北京:中国人民大学出版社,1980:83.

探讨新闻构成的本质。衡量一条新闻是否有新闻价值,要对它构成新闻的本质进行估计。新闻价值的有无和大小成为选择和衡量新闻的标准,有了这种统一的标准,新闻的相互比较才有可能。任何概念都有一定的内涵,不能把所有内容都涵化到一个概念中去。具体而言,新闻价值主要是对事实及其事实的转化形式——新闻的内容的一种衡量标准。因此,事实是必要的前提,不真实的新闻已经不符合这个前提,根本谈不上新闻价值的有无大小。可读性是写作技巧和表现形式问题,形式和内容密切相关并不等于形式就等于内容。所以将真实性、可读性都归结在新闻价值问题中,都有欠妥当的。① 固然可以因为新闻价值是根据对新闻效果的历史的考察、抽象、概括出来的,认为新闻价值的理论就是对新闻效果的逻辑论证,但新闻价值又不等于是效果。效果必须等新闻传播以后,才能在实践中得到验证,所以新闻效果虽然主要由新闻价值来决定的,但并非完全由新闻价值决定。② 新闻价值既然是客观事物的反映和传播,其确定就必然受两方面的制约。它既受新闻反映的对象—客观事实本身的制约,又受事实与接受者关系的制约。接受者对事实的需要程度、事实内容与接受者的接近程度、新闻事件中人物与接受者的相关程度都是事实与接受者关系的现实组成部分。新闻价值不以新闻传播者的主观意志为转移,但是传播者对新闻价值的转化起着决定性的作用。③

## 三、传播学:另一种被引入的框架

纵观 1978 年以来的新闻学研究和教育,影响最大的自然是传播学的引入。对其历程进行讨论,近年来已成显学,相关论著中精辟者多如繁星,笔者此处也就不再续貂。虽说当时对域外的学术文献获取远不如今日方便,大陆学者对传播学的知识版图还有待完备,但作为认识框架的传播学,却迅速在中国大陆完成从"他山之石"到基本框架的转换。在这一过程中,张隆栋、郑北渭、陈韵韶等前辈自然是里程碑式的人物,此处亦不赘言。这里仅只介绍两篇此前常被忽略,在整个传播学的引入过程中似乎并非格外经典,但对此后新闻理论研究的"传播学转向"关系重要的文献。

① 郑兴东.再论新闻价值[M]//新闻学论集:第 4 辑.北京:中国人民大学出版社,1982:19.
② 郑兴东.再论新闻价值[M]//新闻学论集:第 4 辑.北京:中国人民大学出版社,1982:21.
③ 郑兴东.再论新闻价值[M]//新闻学论集:第 4 辑.北京:中国人民大学出版社,1982:28.

　　第一篇是王中所撰的《论传播工具》。该文从新闻媒介作为传播工具,在产生和发展过程中,是如何与历史情境的关联互动着眼,勾勒和提炼出大众传播工具的本质,"实质上不过是人的传播器官——嘴巴的延伸"①。王中在此基础上揭示大众传播工具为什么只能出现在近代,而不可能在古代社会里产生:"古代社会不能产生大众传播工具,也是由于生产方式决定的。中世纪的封建社会是自给自足的自然经济,人们和外界的联系极少,并不需要了解很多新闻;整个社会几乎是凝固不变的,变动极其缓慢,也不可能产生很多新闻。"②基于这个判断,王中认定有了政党才有了报纸的说法不能成立,诸如阶级斗争的工具在内的各种论断只是描述报纸的属性而非其实质。从这个脉络看过去,没有观念只有事实的新闻在现实中也是可能存在的。而且,在有一定观念的新闻中,事实和观念也是可以分离的,"它(新闻)不像意识形态那样,去掉了观念,什么也没有了"③。因此,新闻和意识形态虽然经常存在关联,但新闻本身并非意识形态。从该文的论证方式,不难看到王中仍然秉持着一向的历史主义路数。正是凭借历史主义的语境,他才得以化解(当然,并非是否认)"新闻""新闻事业"和阶级斗争是否必然存在关联这一难题。这番谈论的结果,实际上就是从理论上拆除了横亘在"新闻事业"和"传播业","新闻学"和"传播学"之间的诸多壁垒,而以"社会性",或者更确切地说是历史中的社会性,来统合彼此的共通之处。这就为"新闻理论"与"传播理论"的打通,为作为框架的传播学被引入中国新闻学建构了合法性。

　　第二篇是郑兴东、陈仁风的《传播方式的探讨》。该文暂且未对新闻活动、新闻事业的根本属性做出明晰的判断,但却将单向传播、回应传播和相应传播,集中传播和分散传播,组合传播和非组合传播这几对概念引入对中国报刊运作的分析。④实际上,这种暂且悬置定性而聚焦于本土个案的研究,为传播学理论进入新闻学研究开辟了方法意义上的通道。

---

　　①②③　王中.论传播工具[J].新闻大学,1982(2):3—7.

　　④　郑兴东,陈仁风.传播方式的探讨[M]//新闻学论集:第3辑.北京:中国人民大学出版社,1981:1—22.

## 第三节　新的一代

　　拨乱反正之后，中国的社会科学迎来又一个发展的黄金时期，新闻学和新闻理论研究自然也从中进一步受益。就新闻学界而言，1981年、1982年又具有自身的特殊意义。1977年恢复高考，1978年恢复研究生招生考试，1981年、1982年，"文革"后的第一批硕士研究生、本科生相继毕业。同时，全国新闻专业的广泛建立，也是自1981年、1982年开始，到80年代中期，除了偏远地区，基本上全国每个省、市、自治区都设立了新闻系或者新闻专业。这些院系专业在初创阶段，通常调用并集中了本区域内曾在早年经受过系统新闻专业教育的人士。如武大的罗以澄，杭大的张达芝、张允若，暨南的吴文虎，厦大的陈扬明，郑大的项德生、王洪祥，川大的张惠仁、王绿萍就是其中的代表。他们科班出身又年富力强，在此后"第三世界"的崛起中居功至伟。此外，在80年代广泛建立新闻系科的过程中，如徐铸成、何微等新闻界老前辈更是贡献出了晚年的时间和精力。

　　时至80年代中期，在系科、研究所、专业教师、研究人员的数量和质量上，中国大陆的新闻教育和研究，不仅完全从"文革"的重创中恢复了过来，而且比起"十七年"也有巨大的提高。在这方面最具里程碑意义的事件，莫过于1984年中国人民大学新闻系和复旦大学新闻系获准招收博士生，这标志着新闻学在学科水平和学科地位上已经大大缩小了与传统学科的距离。而在整个新闻学科迅速发展的过程中，新闻理论研究的脚步又明显快于其他分支，在第一批的三名博导中，就有两人（王中和甘惜分）专长于新闻理论，1986年增补的第四位博导——宁树藩治学的特色是史论贯通。

　　较之前人和后学，80年代初期涌现的新一代的新闻理论研究者在年龄层次、知识结构和人生阅历上都有独特之处。在共和国的历史上，他们既属最饱经忧患的一代，也是同龄人中最为优秀的一批。新闻学原本就是跟实践格外相关，而这批学子又多在入学以前已经身历诸多沧桑，知识的积淀、切身的感悟、专精的态度，融汇起来就是这前后几年间问世的新闻学学位论文中，堪称优秀者多如繁星。他们中的相当一批在毕业后走上专业的教学和研究岗位。以中国人民大学、复旦大学、北京广播学院、中国社会科学院研究生院为统计范围，在这四家新闻系77级、78

级、79 级本科毕业生和 78 级、79 级硕士研究生中,就有不下 30 人或是在毕业后或是在此后进入高校或研究所。其中如童兵、郑保卫、谷长岭、陈力丹、孙旭培、闵大洪、明安香、张铭清、李良荣、黄瑚、郭庆光、涂光晋、程曼丽、周建明、周小普、倪宁、尹韵公、喻国明、张征等人,到目前不仅仍然活跃在新闻传播学的教学和研究中,而且都早已成长为各自研究领域的领军人物。当然在早有深厚积淀的其他学科,和以上人物基本同时代开始学术研究的人自然也络绎如山阴道上,周振鹤、葛兆光、邓晓芒、罗志田等于各自所在的领域还更多是锦上添花,而他们对于新闻学却是雪里送炭。当然,最能体现新一代成批崛起的还是他们的学术成就,截至 1981 年,在各家新闻院系通过的学位论文中,可划归新闻理论范围而又卓然可观者,大致罗列如下。

　　童兵的《试论马克思恩格斯自由报刊思想的发展》(中国人民大学 1981 年硕士学位论文)。该文在通读马克思恩格斯全集的基础上,概括和剖析了马恩自由报刊思想的历程以及历史成因。该文认为,"马恩认为,那些既是人民的,又是自由的报刊,才是真正的报刊。报刊只有自由地存在和自由地出版,才能表现出报刊真正的人民性,才会发挥巨大的社会作用。因此,自由报刊思想成为他们最早研究的课题,也是他们在报刊领域一生潜心探索和为之奋斗不息的政治目标之一"[①]。马恩的自由报刊思想能形成完整的体系,历经了漫长的发展历程。从 40 年代提出,到80 年代党报思想的形成和成熟,其间历经 40 年。马恩的自由报刊思想,所以会在莱茵省率先提出,跟当地相对较为开明和自由的环境有密切的关系。他们是在对黑格尔、费尔巴哈学说的批判扬弃中,看到精神自由是人的本质,在此基础上提出了革命的、以人民为主体的自由报刊思想。在经历过 1842 年 1—2 月、4 月和 1844年的三次论战以后,马恩的自由报刊思想发生质的飞跃。1844 年以后,他们已经从无产阶级的立场出发,把出版自由看作无产阶级报刊发展的首要条件。从争取个性解放到争取无产阶级的政治解放,从"人类天性的自由"到"阶级的自由"。这次飞跃在理论上以 1848 年春的《共产党宣言》为标志,在实践上的界标是 1848 年6 月—1849 年 5 月出版的《新莱茵报》。在此后的漫长岁月里,马克思恩格斯始终利用有限的资产阶级出版自由,创办无产阶级报刊,巧妙地利用资产阶级报刊,宣传革命真理,揭露敌人,教育工人。同时在理论上进一步揭示资产阶级出版自由

---

①　童兵.试论马克思恩格斯新闻自由观的发展[M]//新闻学论集:第 6 辑.北京:中国人民大学出版社,1982:2.

就是资产阶级特权以及资产阶级垄断这种自由的新手法。19 世纪 80 年代,在对《社会民主党人》的指示和论述中,马恩的报刊思想也跃升至新的高度,主要表现在以下三方面:首先,他们认为必须加强党对党报道义上的影响,即加强党的思想指导;其次,他们认为自由地进行报刊批评,是党员的民主权利,是党报享有的出版自由的重要体现;最后,他们强调党要尊重新闻工作者的思想自由和写作自由。①

郑保卫的《革命无产阶级第一张最好的机关报——〈新莱茵报〉》(中国人民大学 1981 年硕士论文)以列宁对《新莱茵报》的评价为中心主线,以历史为起点,以史实为依据,提炼出《新莱茵报》在 1848 年欧洲大革命以及此后的无产阶级运动中所起到的历史作用。作者认为《新莱茵报》首先是革命纲领的宣传者,它"始终不渝地坚持向工人阶级和广大群众宣传德国资产阶级民主革命的主要任务,就是实现国家的民族统一和政治制度的完全民主化"。《新莱茵报》又是人民革命的指挥部,它在向群众宣传同盟纲领路线的同时,承担了及时传达同盟中央关于运动的各项指示意见的光荣使命,"以保证同盟盟员和革命群众思想上、政治上的统一,使他们能够在一些重大事件中同时做出一致的反应,投入共同的斗争。他们实际上已经代替了当时已经难以直接开展工作的同盟中央委员会,成为当时德国革命坚强的政治中心,在组织和发动群众投入斗争的过程中起到了总指挥部的作用","它还是孜孜不倦的揭露者;人民千呼万应的喉舌;欧洲人民共同的讲坛;以及人民自己的报纸"②。

陈力丹的《马克思〈莱茵报〉时期的报刊思想及其历史地位》(中国社会科学院研究生院新闻系 1981 年硕士学位论文)认为马克思最初的报刊思想是在《莱茵报》(1842—1843)工作期间形成的。本文就马克思《莱茵报》时期报刊思想的出发点——承认报刊有自己的内在规律及报刊的历史个性、报刊的本质等观点进行探讨,分析了马克思所处时代的特点和他本人研究报刊的活动,对这一时期马克思报刊思想的历史地位做出了评估。陈力丹认为,马克思从革命民主主义者转变为共产主义者,其报刊思想的发展具有连续性。前者虽然不够成熟,但为后者奠定了基础。马克思的共产主义报刊思想并非传统报刊集权思想的发展。恰恰相反,马克

---

① 童兵.试论马克思恩格斯新闻自由观的发展[M]//新闻学论集:第 6 辑.北京:中国人民大学出版社,1982:23.

② 郑保卫.革命无产阶级第一张最好的机关报—《新莱茵报》[M]//新闻学论集:第 6 辑.北京:中国人民大学出版社,1982:87.

思同封建集权主义的报刊思想进行了坚决的斗争,批判吸取了欧美资产阶级报刊思想的合理成分。因此,马克思《莱茵报》时期的报刊思想应当是马克思主义新闻学研究的重要课题。①

于宁的《论新闻的真实性》(中国社会科学院研究生院新闻系 1981 年学位论文)聚焦于讨论何以自延安整风运动迄今已四十年,新闻不真实之病时轻时重却未能根绝。作者回顾历史,分析现实,侧重从宏观角度进行探讨,揭出影响新闻真实性的主要原因不仅在新闻工作者自身,更主要的在于党的思想、政治路线的正确与否。路线正,则真实新闻多;路线偏,则真实新闻少。要解决新闻真实性问题,首先涉及端正党的路线问题,然后才是记者的修养问题。②

邢平安的《论新闻效果及其心理内涵》(中国社会科学院研究生院新闻系 1981 年硕士学位论文)认为新闻传播与接受并无必然关系,需要人的心理活动的动力。人脑对新闻作品的反映效果,除了新闻作品本身具备的性质因素以外,还要受制于人的心理活动的规律和特点。任何人都是以自己的已有知识和以往经验,作为感受新闻作品的基础和中介。所受的影响、获得的知识和经验的积累的结晶,构成人们在接受新闻时各自不同的内在尺度,人们的心理素质的构成又是变化发展的。因此,研究新闻效果,就必须考察它赖以实现的人的心理活动的规律和特点,根据规律和特点,变革新闻传播方法。③

吴鸿业的《新闻价值论》(中国社会科学院研究生院新闻系 1981 年硕士学位论文)重点在第三部分,在总结我国新闻工作经验的基础上归纳了新闻价值实现过程中的三个规律:新闻价值的发掘在于新闻选择的主观倾向性和新闻价值要素的客观性的统一;新闻价值的表现在于宣传思想的集中性和新闻题材的多样性的统一;新闻价值的实现在于新闻传播的控制方式和传播目的的统一。④

易凯的《论新闻的形象思维》(中国社会科学院研究生院新闻系 1981 年硕士学

①　中国社会科学院研究生院一九八一届研究生毕业论文简介[M].北京:中国社会科学出版社,1982:302.

②　中国社会科学院研究生院一九八一届研究生毕业论文简介[M].北京:中国社会科学出版社,1982:305.

③　中国社会科学院研究生院一九八一届研究生毕业论文简介[M].北京:中国社会科学出版社,1982:314.

④　中国社会科学院研究生院一九八一届研究生毕业论文简介[M].北京:中国社会科学出版社,1982:319.

位论文)就当时新闻学研究和新闻改革中,存在争议的,关于新闻报道运用形象思维的问题提出自己的见解。该文联系人类各个不同的历史时期、不同的生产方式,较详细地研究了形象思维的起源、分化和发展。该文认为,形象思维除了艺术思维这一类基本形态以外,还存在有普通的形象思维这类基本形态。它的基本定义是:用概况特定的事物和人物的真实的外部形象特征,所形成的形象观念来思考和表述。在新闻报道中所倡导和使用的形象思维,应该是这类普通的形象思维,而不是允许虚构的艺术思维。普通的形象思维既遵循形象思维的总规律,同时又与新闻真实性的原则并行不悖。①

---

① 中国社会科学院研究生院一九八一届研究生毕业论文简介[M].北京:中国社会科学出版社,1982:329.

# 参考文献

1.梁启超.本馆第一百册祝辞并论报馆之责任及本馆之经历[J].清议报,1901(100).

2.新书广告栏目[J].东方杂志,1904(1).

3.译谭随笔七则[J].万国公报,1904.180.

4.黄天鹏.新闻学名论集[M].上海:上海联合书店,1929.

5.熊月之.晚清新学书目提要[M].上海:上海书店出版社,2007.

6.邓绍根.中国新闻学的筚路蓝缕:北京大学新闻学研究会[M].北京:清华大学出版社,2015.

7.豪伊.边际效用学派的兴起[M].晏智杰,译.北京:中国社会出版社,1999.

8.徐宝璜.新闻学[M].北京:中国人民大学出版社,1994.

9.王国维.论近年之学术界[J].教育世界,1906(93).

10.罗选民.意识形态与文学翻译——论梁启超的翻译实践[J].清华大学学报(哲学社会科学版),2006(1).

11.璩鑫圭,唐良炎.中国近代教育史资料汇编·学制演变[M].上海:上海教育出版,1991.

12.王国维.奏定经学科大学文学科大学章程书后[J].东方杂志,1906,3(6).

13.黄旦.也论林则徐的新闻观:兼论中国近代新闻思想之源头[J].新闻与传播研究,1998(5).

14.朱至刚.士人之报:戊戌趋新报刊再认识[R].复旦大学博士后出站报告,2009.

15.王韬.弢园文录外编[M].沈阳:辽宁人民出版社,1994.

16.郑观应.盛世危言[M].沈阳:辽宁人民出版社,1994.

17.魏源.海国图志[M].郑州:中州古籍出版社,1998.

18.钟叔河.罗森：日本日记；何如璋等：甲午以前日本游记五种；王韬：扶桑游记；黄遵宪：日本杂事诗（广注）[M].长沙：岳麓书社，1985.

19.黄遵宪.人境庐诗草笺注[M].钱仲联，笺注.上海：上海古籍出版社，1981.

20.夏晓虹.黄遵宪与日本明治文化[J].学术界，2000(1).

21.罗志田.近代读书人的思想世界与治学取向[M].北京：北京大学出版社，2009.

22.梁启超.论报馆有益于国事[J].时务报，1896(1).

23.梁启超.《知新报》叙例[J].知新报，1897(1).

24.张之华.中国新闻事业史文选（公元724年—1995年）[M].北京：中国人民大学出版社，1999.

25.余家宏，宁树藩，徐培汀，等.新闻文存[M].北京：中国新闻出版社，1987.

26.陈立新.松本君平其人其事[J].国际新闻界，2011(2).

27.JOSEPH PULITZER.The college of journalism[J].the North American Review,1904.

28.王栻.严复集[M],第1册.北京：中华书局，1986.

29.郭沫若.少年时代[M].北京：人民文学出版社，1982.

30.郑师渠.论欧战后中国社会文化思潮的变动[J].近代史研究，1997(3).

31.徐国琦.中国与大战：寻求新的国家认同与国际化[M].马建标，译.上海：上海三联书店，2008.

32.华尔脱斯.国际联盟史[M].汉傲，宁京，译.北京：商务印书馆，1964.

33.新闻界之革命[N].北京亚细亚日报，1913.1.5.

34.肖东发，邓绍根.邵飘萍新闻学论集[M].北京：北京大学出版社，2008.

35.伍超.新闻学大纲[M].上海：商务印书馆，1925.

36.白鹏飞.我对于新闻记者之希望[N].晨报六周年增刊，1924.

37.戈公振.新闻学撮要[M].上海：上海新闻记者联合会，1929.

38.王世杰.对于中国报纸罪言[J].现代评论一周年增刊，1926.

39.志希.今日中国之新闻界[J].新潮，1919(1).

40.冯克诚.清代后期教育思想与论著选读（下册）[M].北京：人民武警出版社，2010.

41.戈公振.中国报学史[M].上海：上海书店，1989.

42.张金超.出任北大校长时期的蔡元培——以学界交往为考察对象[D].杭州：浙江师范大学，2012.

43.任白涛.综合新闻学[M].上海:上海书店影印本,1991.

44.北京图书馆.民国时期总书目(1911—1949).文学科学.艺术[M].北京:书目文献出版社,1994.

45.邵飘萍.新闻学总论[M].北京:京报馆出版部发行,1924.

46.任白涛.应用新闻学[M].上海:亚东图书馆,1937.

47.邵飘萍.我国新闻学进步之趋势.新闻学应列为普通学科[J].东方杂志第二十一卷第六号,1924.

48.姜红.现代中国新闻学科建构与学术思想中的科学主义(1918—1949)[D],复旦大学,2006.

49.唐远清.对"新闻无学论"的辨析及反思——兼论新闻学学科体系建构和学科发展[M],北京:中国广播电视出版社,2008.

50.李秀云.中国新闻学术史(1834—1949)[M].北京:新华出版社,2004.

51.黄旦.报刊的历史与历史的报刊[J].新闻大学,2007(2).

52.孟斌斌.从甲午海战到甲午舆论战[N].中国社会科学报,2014.

53.今日中国报界的使命[M].第六届新闻学研讨会.北京:燕京大学新闻学系,1937.

54.汪英宾.中国本土报刊的兴起[M].王海,王明亮,译.广州:暨南大学出版社,2013.

55.燕京大学新闻学系.新闻学研究[M].上海:良友出版公司,1932.

56.戈公振.新闻学撮要[M],上海:商务印书馆,1929.

57.李锦华,李仲诚.新闻言论集[M].广州:广州新启明印务公司,1932.

58.东方杂志编辑部.新年的梦想[J].东方杂志,1933.30(1).

59.郑大华,谭庆辉.20世纪30年代初中国知识界的社会主义思潮[J],近代史研究,2008(3).

60.梁启超.梁启超全集.第8册[M].北京:北京出版社,1999.

61.张静庐.中国的新闻纸[M],上海:上海光华书局,1928.

62.胡道静.上海新闻事业之史的发展[M],上海:上海市通志馆,1935.

63.郭步陶.本国新闻事业[M].上海:上海市私立申报新闻函授学校讲义,1933.

64.孙中山全集,卷8[M].北京:中华书局,1986.

65.叶楚伧.为国民党请愿于言论[J].国闻周报,1925(2).

66.陆舍农.训政时期之新闻编辑方针[J].建国,1928(31—32).

67.黄天鹏.报学丛刊[M],上海:上海光华书局,1930.

68.萨空了.科学的新闻学概论[M].香港:文化供应社,1946.

69.燕京大学新闻学系.新闻学概观[M].北京:燕京大学新闻学系印行,1935.

70.洪业.洪业论学集[M].北京:中华书局,1981.

71.陶孟和.关于中国的新闻纸[J].国闻周报,1934(11).

72.陶孟和.言论自由[J].现代评论,1925(19).

73.孙怀仁.新闻学概论[M].上海:申报馆 1934.

74.孙怀仁.新闻学概学论[M].上海:申报馆,1934.

75.菲迪南·滕尼斯.共同体与社会———纯粹社会学的基本概念[M].林荣远,译,北京:商务印书馆,1999.

76.王颖吉.徐宝璜《新闻学》成书过程及版本的若干问题的考析[J].新闻与传播研究,2006(3).

77.两个集纳学者的话[J].文艺新闻,1932(60).

78.任白涛.列邦的新闻学研究机关[J].中山文化教育馆季刊,1937(4).

79.迪尔克·克斯勒.马克斯·韦伯的生平、著述及影响[M].郭峰,译.法律出版社,2004.

80.章学诚.浙东学术[M]//叶瑛校注.文史通义校注(上册).北京:中华书局,1981.

81.李华兴.民国教育史[M].上海:上海教育出版社,1997.

82.端方.江督端奏筹拨复旦公学常年经费折[J].《四川教育官报》,1907(9).

83.金以林.近代中国大学研究[M],北京:中央文献出版社,2000.

84.戴震.戴震文集[M].北京:中华书局,1980.

85.平民大学教务处.平民大学概观[M],北京:平民大学,1923.

86.唐克明等编.新闻学期刊[M].上海:复旦大学新闻学会,1934.

87.陶良鹤.最新应用新闻学[M].上海:上海复旦大学新闻学会,1931.

88.杜超彬.新闻政策[M].上海:复旦大学新闻学会,1931.

89.上海报纸改革论[M].上海:上海复旦大学新闻学会,1931.

90.刘家林,等.成舍我新闻学术论著上册.[M]:广州:暨南大学出版社,2012.

91.范长江.两年来的新闻事业[J].战时记者.1939.1(12).

92.张季鸾编.季鸾文存:下册[M]:影印版.台北:台湾文海出版社,1974.

93.许涤新,吴承明主编.中国资本主义发展史第三卷[M].北京:人民出版社,

2003.

94.燕京大学新闻学系.中国报界交通录[M].上海:良友公司,1934.

95.程其垣.战时中国报业[M].桂林:铭真出版社,1944.

96.赖光临.七十年中国报业史[M].台北:中央日报社,1981.

97.陈雷,戴建兵.统制经济与抗日战争[J].抗日战争研究,2007(2).

98.陈雷.抗战期间国民政府的粮食统制[J].抗日战争研究,2010(1).

99.金以林.近代中国大学研究:1895—1949[M].北京:中央文献出版社,2000.

100.佚名.我国造纸工业近况[J].报学季刊,1935(3).

101.周雨.大公报史[M].南京:江苏古籍出版社,1993.

102.刘立群.抗战时期《新华日报》纸张的来源[N/OL].人民政协报,2008－6－5(2).

103.任毕明.战时新闻学[M].广州:光明书局,1938.1(2).

104.杜绍文.一个民族一个舆论一个意志[J].战时记者,1938I(1).

105.伯尔曼.法律与革命:西方法律传统的形成[M].贺卫方,高鸿钧,张志铭,夏勇,译.北京:中国大百科全书出版社,1993.

106.中国大百科全书编委会.中国大百科全书新闻出版卷[M].北京:中国大百科全书出版社:1991.

107.董荣华.同人报[M]//甘惜分.新闻学大辞典.郑州:河南人民出版社,1993.

108.汪诒年.汪穰卿先生传记[M].北京:中华书局,2007.

109.朱至刚.时务报同人内讧的传播学分析:以汪康年与梁启超的相互想象为中心[J].国际新闻界.2006(10).

110.王鹏.《大公报》的资金与股份变动情况[J].百年潮,2001(8).

111.列宁.从何着手[M]//列宁.列宁全集:第12卷.北京:人民出版社,1986.

112.党和党报[N].解放日报.1942－9－22:1.

113.江苏省地方志编撰委员会.江苏省志:报业志[M].南京:江苏古籍出版社,1999.

114.河北省税务局,山西省税务局.华北革命根据地工商税收史料选编[M].第3辑.石家庄:河北人民出版社,1987.

115.中央档案馆.中共中央文件选集:第十三册(1941—1942)[M].北京:中共中央党校出版社,1991.

116.复旦大学新闻系.中国报刊研究文集[M].上海:上海人民出版社,1959.

117.新闻工作者座谈会继续举行、老报人批评现在报纸的缺点[N].人民日报，1957-5-18(2).

118.朱正.1957 年夏季：从百家争鸣到两家争鸣[M].郑州：河南人民出版社，1998.

119.首都新闻工作者座谈会结束提出许多新闻理论和实际工作中的问题[N].人民日报，1957.1957-5-19(2).

120.朱纯.关于"同人报"[M]//钟叔河.偶然集.南京：江苏古籍出版社，2003.

121.在新闻工作座谈会上：批判顾执中的资产阶级新闻观点[N].人民日报，1957-6-28(2).

122.邓拓.新闻战线上的社会主义革命：在中共中央直属机关、中央国家机关、中共北京市委和人民解放军驻京部队干部大会上的报告[J].新闻战线，1958(5).

123.休谟.人类理解研究[M].关文运，译.北京：商务印书馆，1957.

124.陈业劭.社会主义新闻事业是不是"无产阶级专政的工具"[M]//新闻学论集：第 2 辑.北京：中国人民大学出版社，1981.

125.成美.坚持无产阶级党性原则的几个问题[M]//新闻学论集：第 1 辑.北京：中国人民大学出版社，1980.

126.甘惜分.对新闻理论几点分歧意见的看法[M]//新闻学论集：第 3 辑.北京：中国人民大学出版社，1981.

127.王中.新闻学的第二课题[J].新闻大学，1982(4).

128.王中.论新闻[J].新闻大学，1981(1).

129.郑兴东.论新闻价值[M]//新闻学论集：第 2 辑.北京：中国人民大学出版社，1980.

130.郑兴东，陈仁风.传播方式的探讨[M]//新闻学论集：第 3 辑.北京：中国人民大学出版社，1981.

131.童兵.试论马克思恩格斯新闻自由观的发展[M]//新闻学论集：第 6 辑.北京：中国人民大学出版社，1982.

132.郑保卫.革命无产阶级第一张最好的机关报——《新莱茵报》[M]//新闻学论集：第 6 辑.北京：中国人民大学出版社，1982.

133.中国社会科学院研究生院一九八一届研究生毕业论文简介[M].北京：中国社会科学出版社，1982.

# 后 记

    来到厦门大学,任教于新闻传播学院,转眼就是七年。随着时间的推移,我越来越体会到,对于年轻教师的成长而言,这里的氛围堪称绝佳。这本小书能在"中国新闻学建构丛书"里率先与读者见面,省委宣传部领导,我院张铭清院长、郑树东书记、黄合水常务副院长、阎立峰副院长、林升栋副院长、许清茂教授、黄星民教授、苏俊斌副教授、曹立新副教授,厦大出版社蒋东明社长、王鹭鹏副编审的关怀和帮助贯彻始终。对此,至刚深为感激。至于所论浅陋之处,还望方家不吝指教。

    本书有约四万字曾以期刊论文的形式发表,在此特向《新闻与传播研究》《国际新闻界》等杂志致谢。这部分内容在整合到书稿的过程中有较大幅度修改,其余十多万字则是首次面世。我带的硕士生张海磊和李瑞华分别参与了第二章第三节和第六章的写作。

朱至刚

于厦大南光二号楼

**2016 年 6 月 5 日**